JN272557

降りていく生き方

「べてるの家」が歩む、もうひとつの道

横川和夫

降りていく生き方

まえがき

私は、かつて共同通信の記者として文部省（現・文部科学省）を担当し、日本の教育行政、学校教育のあり方に疑問を抱いた。やがて少年たちが起こすさまざまな事件を追跡取材するうち、学校教育の下請け機関になって、子どもに勉強を強いる親の生き方・あり方まで問わねばならないと考えるようになった。

しかし、文部科学省の教育行政が「国家に役立つ〝人材〟づくり」に力を入れているかぎり、いじめ、不登校、引きこもりの問題は、親の自立、つまり親が自分らしく生きる、人間らしく生きる姿をとり戻すことと無縁ではないことに気づいた。

自分らしく、人間らしく生きるには、どうしたらよいか。さまざまな実践を取材し、たどりついたのが「べてるの家」である。

なぜ、べてるの家なのか。べてるの家は、統合失調症（精神分裂病）などの精神障害をもった人たちの共同体である。一般的に精神障害をもった人たちに対しては、病気であるために、親や家族が当事者に代わってすべてをとり仕切るケースが多い。そのため、自分で考えて決めることをできなくさせられている、つまり〝当事者性〟を奪われた人たちである。あるいはまた、他人に迷惑をかけないようにと〝薬漬け〟にされ、自分が思ったり、考えたりしたことを言えない、言葉を奪われた人たちが多い。

ところが、べてるの家では、人間の弱さを大切にしながら、当事者性を重んじ、仲間に支えられながら、自分の思いや気持ちをできるだけ言葉にして語ることをこころがけている。そうすることで、彼らの病状は軽くなり、自分らしく生きている。

本書は、いちどは人生のどん底の悲哀を味わい、絶望した何人かのメンバーに焦点を絞り、彼ら自身、そして親たちの証言を軸に、その回復のプロセスを克明に追った記録である。同時に、当事者性を尊重しながら、語ることの大切さを説いてきた浦河赤十字病院・精神神経科部長、川村敏明さんと、ソーシャルワーカー、向谷地生良さんのふたりに、なぜ、そのような取り組みを始めるようになったのか、学生時代までさかのぼって人間観・人生観を語ってもらった。

この取材で、私がそれまでもっていた認識をあらためさせられた。それは、親がどうであろうと、過去がどうであろうと、そこにはその人なりの回復のプロセスがある、ということである。

問題を抱え、絶望している人たちにとって、また当事者性を、そして言葉を奪われ、苦しんでいる多くの若者たちにとって、彼らの回復の道筋は闇のなかの燭光となるにちがいない。

二〇〇三年二月

横川和夫

目次

Ⅲ章 愛の暴風雨をくぐりぬけろ

Ⅰ章

それは社会復帰ではない

非・援助の思想

混沌と葛藤のなかのはじまり

北海道・浦河べてるの家

べてるの家は、北海道浦河町にある。地図を広げ、北海道の最南端、襟裳《えりも》岬からちょっと左に目をやると、浦河の文字に気がつく。浦河という名は、アイヌ語の「ウララペッ」（霧深き河の意味）から転《てん》訛《か》したといわれている。

北海道とはいえ太平洋側のため雪が少なく温暖なこともあって、明治に入ると開拓民が移住して、浦河港は昆布など海産物の集散地としてにぎわった。

明治五年に浦河支庁が、明治四十年には現在の日高種畜牧場が開設された。五冠馬シンザン、四冠馬ミスターシービーといった名馬を出し、浦河は、日本一のサラブレッド、競争馬の産地として知られるようになった。周辺に牧場や乗馬のリゾート施設があるので、春や秋は馬好きの観光客が訪れる。

高度経済成長期、昭和三十五年には二万二千人を超えた人口も、その後、年々減りつづけ、いまでは人口一万六千三百五十人（二〇〇二年十二月末）の過疎の町になった。

新千歳空港から電車を使っても南千歳、苫小牧《とまこまい》と二回乗り換え、三時間半はかかる。苫小牧から太平洋沿いの海岸線を縫うように走る様似《さまに》までの日高本線は単線である。一両か二両編成の電車は午前中に一本、午後に三本しかない。いちど利用してみたが、乗客は高校生が大半であり、通学列車という感じだ。

浦河を訪れる人の多くは、札幌に出て、駅前から道南バスの高速ペガサス号を利用する。

札幌から太平洋をめざして南下した高速バスは、一時間後にはゆったりと揺れる海原を右に見ながら、国道二三五号線を走る。濃紺の海のさきに襟裳岬がかすんで見える。左手の牧場地帯には、春になると子馬の姿も見られる。

この高速バスも一日六本のみ、札幌から三時間半かかる。浦河はじつに不便な場所にあるのだ。

その不便な浦河の町に何回も足を運んだのは、私がべてるの家のメンバーたちに魅せられたからだ。私だけではない。この一年間に全国各地からべてるの家を訪れた人の数は、二千人近くにものぼる。

私がべてるの家の存在を知ったのは、彼らの日常生活を記録したドキュメンタリー・ビデオ「ベリーオーディナリー　ピープル」（全八巻）を見たのがきっかけだった。鳥山敏子さんの主宰する「賢治の学校」を取材中に出会った映像作家、四宮鉄男さんから「浦河でおもしろいことやってるよ」と、彼が一九九五年三月に撮影した第一巻のビデオを送ってもらったのだ。

べてるの家は、浦河赤十字病院の精神神経科を退院した、あるいは入院中のメンバーたちが運営し、日本キリスト教団浦河教会の旧会堂を拠点に活動をしてきた。日高昆布の袋詰めや浦河赤十字病院の清掃、食器洗い、配膳など多彩な仕事をこなし、二〇〇二年には社会福祉法人となった。新聞やテレビなどでもとりあげられ、いまや年商は一億円を超えている。

ビデオの第一巻は、まだべてるの家が少人数だったころのものだが、二十数人のメンバーが、精神神経科部長の川村敏明さん（五十三歳）やソーシャルワーカーの向谷地《むかいやち》生良《いくよし》さん（四十七歳）を囲んで、食事をしながら自己紹介をしている場面が中心である。

それまでの私にとって、統合失調症（精神分裂病）の人たちのイメージは、表情が暗く、独り言をつぶやいたり、鋭い目つきをして怒鳴ったりするような、怖い存在としてのものだった。だが、画面に登場するメンバーたちの表情はみんな明るく、「私は分裂病の〇〇です」「ぼくも分裂病で入院中です」などと実名と病名を名乗り、自分の仕事を自分の言葉で説明する。

なかでも圧巻は、山崎薫さん（三十二歳）だった。

病気を語ろう、自分を出そう

「四年近くまえに大分県から東京をへて、浦河に来た山崎薫です。いま、妊娠八か月です。病院抜けだして、お祭りの日にはらんじゃって……。こういう場があったから、精神病患者で、生活保護でも産めるわけで、うれしかったですね。先生も、内密に家族と話しておろす相談などいっさいしなかったし、本人の意思を尊重してくれたことはありがたかったです」

山崎さんの仕事は「生活コンサルタント」。それについて彼女は、こう説明する。

「とくに性生活のアドバイザー。それしか取り柄ないからさ。経験生かして……。最初、川村先生は『寝てもできるテレフォン・セックスをおまえに任せる』とか言ってたけど、だんだん(私の)株が上がってきちゃって。でも、それでも性から離れないんだよね」

山崎さんのユーモアたっぷりの赤裸々な自己紹介に、参加者も爆笑の連続だ。山崎さんの話を受けて、川村さんも負けていない。にこやかにきりかえす。

「(山崎さんの)お母さんにはうらまれたよ。『どうして、先生、早く言ってくれなかったの』『どうして産むなって言ってくれなかったんですか』ってね。私の立場ではおろせとか産むなとは言えません。本人が判断できますから。そしたら電話の向こうで、カタッと肩落としてる姿が目に見えるようでしたね」

山崎さんは、「だからこのカメラを通じて、同じ障害者のかたとか、恋愛中のかたとかいると思うんで、そういう人たちに、私みたいなかたちもとれて、病気だから結婚できないとか、産めないとか、生活保護だからダメだとか、いっさいないんだよ、というのをわかってもらえればうれしい」と明るく訴える。

精神障害を抱えていたり、入院中であったりする人たちが、なぜ、こんなに自分のことを隠さず、あからさまに語り、笑いとばすことができるのだろうか。

私は、一九九八年四月から一年間、地方紙に週一回連載された「もうひとつの道」で、べてるの家を五回にわたってとりあげ、彼らの日常生活を紹介した。

だが、新聞の連載は行数や回数があらかじめ決まっているため、取材したことのごく一部しか伝えることができない。チャンスがあったら本にしたいと思い、取材だけは続けてきた。

彼らは、奪われた当事者性をとり戻すための多くの試みを重ねている。

――精神障害者が偏見や差別を受けるのは、自分たちの生活ぶりや病状を人びとに知らせていないからだ。だから情報公開をしよう。そのためにはまず自分たちが実名を名乗り、病状もありのままをさらけだそう――

彼らはそう考えて、講演会などにも積極的にでかけていく。

「躁鬱《そううつ》病の○○です。元気になったり、シュンとなったり、忙しい病気です」といったぐあいに、みずから病状を語る。

自分の思いや気持ちを言葉にすることを奪われてきた人たちが、集まったたくさんの人たちのまえで語りはじめると、体験にもとづいたその言葉は共感を呼ぶ。

「たいへんだったね」「すごいねえ」といった聴衆の気持ちが、笑い声やため息となって彼らに戻ってくる。そのなんともいえない反応を敏感にキャッチすることで、それまでは無価値でダメな存在と思いこまされ、積極的に生きることをあきらめていた彼らが、励まされ、勇気づけられて、ふたたびからだを動かしはじめる。

人間のもつ弱さを大切にしあう。そのなかで、自分の思いや気持ちをこころにためずに、言葉にして出すことができるようになる。すると、たがいの連帯のきずなが強くなっていく。そんな連鎖が自然と生みだされ、居心地のよい場ができあがっていくのである。

向谷地さんの足跡をたどって

べてるの家のメンバーが百二十人を超え、地域共同作業所とさまざまな事業をあわせた年商が一億円を突破するようになったのも、浦河赤十字病院のソーシャルワーカー、向谷地生良さんの存在なくしては語ることができない。

もう二十年以上も愛用しているという赤と青の縦縞のウインド・ブレーカーをまとって、必要とされる人のところにはすぐに飛んでいく。そして相手の話に耳を傾ける。どんなに深刻な話にも静かに耳を傾け、やさしい眼差しで対処する姿勢は、相手に信頼感と安心感を与えていく。

取材をしていても、携帯電話の振動が鈍い音をたてて、中断されることはしばしばある。相手がなにを言っているのかはわからないが、向谷地さんは、短い言葉で的確な指示を出していく。

夜も昼も、職場も自宅も区別がないほどフル回転して、さまざまな人間が抱える問題とつきあっている。こうあらねばならないという観念論を捨てて、すべてをありのまま受け入れていく向谷地さんの包容力、寛大さは、どんなふうにして身につけていったものなのだろうか。

べてるの家の活動を理解するためには、まず向谷地さんの足跡をたどってみる必要がある。日本の社会福祉のあり方、高度経済成長の裏に隠された人間差別の悲哀、孤立感と空虚感を抱えこむ若い人たちの苦悩、そのなかで誕生したべてるの家の物語の核心部分が、浮かびあがってくると思ったからである。

アイヌの人びとの苦しみの渦中に飛びこむ

いまから二十五年まえの一九七八年の春。浦河赤十字病院にはじめてソーシャルワーカーとして採用された向谷地さんを待っていたのは、先住民族アイヌの人たちの、困難な生活状況だった。差別されつづけてきた多くの人びとにとって、逃げ道は酒しか残されていなかった。そんなアルコール依存症の人たちとのかかわりが始まった。

学生時代は、特別養護老人ホームで住みこみのアルバイトをして、人間の老いや死と直面し、またボランティアとして、筋ジストロフィー症の若者たちの介助を体験したこともあった。そんな二十二歳の向谷地青年を、人間が、同じ人間をさげすみ排除する状況と、その差別された人の悲惨な、想像を絶する現実が待っていたのである。

「忘れられないのは最初に駆けつけた家のことです。近所の人から『どうもようすがおかしい』という電話をもらって行ってみたら、夫婦が朝から酒を飲んでいて、布団のなかで身動きできないぐらいに衰弱している。家の床は抜け落ちて、かろうじて布団を敷いている部屋だけが残っていた。真夏の暑い日なのに電気毛布をかけて、寒い、寒い、と震えている。禁断症状が出ていたんです」

昼間なのに、外からのぞかれないように窓のカーテンは引いてあり、部屋は薄暗かった。

「だれかからのぞかれているという被害妄想にも陥っている。とりあえず旦那さんに『病院に行こう』と言って、からだを抱えて車に乗せました。布団のまわりには、トイレに行けないもんだから、おしっこの入った牛乳パックがずらっと並んでいたんですね。つぎに奥さんをと思って見たら、排泄物のついた股間のあたりにウジがわいていて、枕元にはネズミが死んでいた。そういう悲惨な状態で生活していたんです」

ネズミも生きていけない過酷な状態のなかで人間が生活している……向谷地青年に与えた衝撃は大きかった。

「学生時代までの私は、観念的に自分が正しくとか、自分を人間として磨いていこうという、ある種の高みへの欲求があったんです。ところが、どう観念的であろうと、弱く、うす汚れた、そしてみじめな現実が目のまえにあるわけです。言葉では言いあらわしがたい悲惨な現実、それには、こうあるべきだという観念的な発想は通用しない。だから、そうしたものをかなぐり捨てて、自分もいっしょになって取り組まざるをえなくなっていったんです」

当時は、アルコール依存症の人たちの家庭の問題も、病院が引き受けていた。

「毎日、毎日、アルコール依存症の夫婦ゲンカに引っぱりだされて、まだ二十二、三歳のなにも知らない若僧が、仲裁に走りまわる。そういう家族がひとつやふたつじゃないわけです。あっちでも、こっちでも……」

求められるままに家庭訪問をくり返しているうちに、依存症の人たちに振りまわされていることに気づいていく。

「家族のなかでくり広げられているエピソードが、ゲーム化していることがわかってくるんです。一種のゲームですね。夫は酒をやめない。飲みたいから飲んでいる。奥さんは自分の話を聞いてほしい。このうっとうしい夫と二十四時間、顔をあわせている生活に嫌気がさしているんです。しかし、どこか気持ちの奥底では、こういうどうしようもない夫と暮らしつづけてきた自分に対する自負心もある。ほかの人だったらできないだろう、こんな苦労は並の人じゃできない、私だからやれている、と。そういう部分で自分を支えなければ、その現実にいられなくなってしまう……」

家庭訪問を続けたある家庭では、こんなことがあった。

奥さんが自分の夫がいかにダメ男かを訴えるため、夫婦の会話のやりとりを録音テープにとって、向谷地さんに聞かせた。

「テープを聞いていると、夫は酒飲んで、いろいろクダを巻いているわけですが、どうみても奥さんがけしかけているようにしか思えないんです。『たいへんだったら、いつでも呼んでください』と言って引きあげてくる。そうすると、それからは毎日のように電話がかかってくるんです」

訪ねていくと、夫は酔っぱらって、ちゃぶ台をひっくり返したりして暴れている。

「メシ、食ってきたのか」

「いやいや。まだです」

「じゃあ、食べていけよ」

「いや、ご飯いいです、いいです」

そんな問答をくり返していると、夫が怒りだす。

「なにい。うちのメシ、食えねえっちゅうのか」

「いや、いや、そんなことないです。それじゃ、ほんのちょっとだけ」

そうした日々をくり返しているうちに、夫の嫉妬妄想が始まる。酔ってクダを巻いて、赤くなった目でにらみつけながら怒鳴る。

「おめえ、いつもメシ食いにきて、オッカチャンとできてるんじゃねえのか」

向谷地さんは、そんな家族に対するかかわりを根気よく、くり返していく。

「そういう家族を五つも六つも抱え、はしごして歩いていく。家族は子だくさんでしょ、その子どもたちをなんとか支えようと考え、毎週土曜日の午後から子ども会をやったりとか……。人間って不思議なもので、終始、そういうなかに身を置いていると、だんだん、妻や家族が陥っていくネガティブな感情に、自分も同一化していくんですね」

アルコール依存症の親をもった子どもたちが、成長するにつれ、生きづらさを感じる問題を、いまはアダルト・チルドレンという概念で受けとめる見方が一般的だ。だが当時は、そんな子どもたちの受けた傷を分析する余裕もなく、子どもたちといっしょに遊んだり、勉強を教えたりすることで時間が過ぎていった。こんなことがあった。

差別と葛藤のなかで生きる子どもたち

アルコール依存症の夫をもつ妻からSOSの電話が入った。小学三年生の娘が近所の子どもに「アイヌが乗ったブランコに乗りたくない」といじめられ、これを知った伯父が、いじめた子の母親を呼びだし、「おまえらシャモ(和人)のおかげで、オレもぐれたんだぞ」と脅しているという。

「駆けつけた私の目のまえで、お母さんは震えて、ただただ頭を畳にすり寄せ、『許してください』と、泣いて訴えていたんです」

そこへ酔って千鳥足の父親が帰ってきた。その姿を見た伯父は、猛然と立ちあがって父親の胸ぐらをつかみ、「てめえの娘がこんな目にあってるときに、酔っぱらってるとはなにごとか!」と叫んで、父親を殴りとばした。父親の額からは血がふきだした。

「父親が殺されると思った私は、伯父に組みついて、父親に向かって『逃げろ!』と叫んだんです。伯父は『ちくしょう。謝れ。ちくしょう。謝れ』って叫びながら、私に殴りかかってきた。ボコボコに殴られながら、私は伯父にしがみついて、必死でとめていました」

伯父は、向谷地さんの腕を振りほどくと、近くの薪《まき》小屋から斧《おの》を持ちだしてきて、父親のあとを追いかけた。酒に酔い、歩くのもやっとの状態の父親は逃げることができなかった。

「伯父が『この野郎』って斧を振りあげようとしたとき、『私の父さんになにすんのよ!』と叫んで、小学六年生の長女が斧にしがみついたんです。『こんなの、父さんでねえ!』。『どんな父さんだって、伯父さんに関係ないでしょ！』。娘は叫んで、父を助けたんです」

それから十三年後。長女は看護婦になり、浦河教会で結婚式をあげた。向谷地夫妻が証人を引き受けた。結婚式には、父親は酒を飲んでいて出席できず、結局、夕方のお祝いの会に酔っぱらって現れた。

「お父さんが『ごめん、ごめん』と言いながら会場に入ってきたのを、花嫁は手を引いて席に座らせたんです。私は花嫁のそんな姿を見て、貧しかったこと、辛かったこと、寂しかったことなどすべてを許したのだと思ったんです。胸に熱いものがこみあげてきましたね」

さまざまな葛藤の渦中で生きる子どもたちとかかわるなかで、ひとりのソーシャルワーカーが必死にがんばっても、なにも変わっていかない現実を突きつけられて、向谷地さんは、なんとも言いがたい虚しさを感じていく。

「私が出会ってきた子どもたちは、望まずして人生のスタートでつまずき、学校という最初の社会で孤立し、苦闘している点では共通しています。こころの片隅にすみついたなんとも言えない寂しさや、生きていることのぼんやりとした不安が、友だちの楽しい笑いや、明るく見える家庭を遠ざけてしまうんです。そして子どもたちを二重に追いつめているのは、学校でのよい成績が人生のリスクを減らし、幸福への可能性を約束するという学歴信仰なんです。彼らは、そんな学歴信仰の犠牲者でもあるんです」

中学生になったA君も、小さな肩に重い荷物を背負わされていた。

母親はかつて、保育所に通う足の不自由なA君の手を引いて、酒を飲んでは暴れる父親から逃れるため、教会を避難場所にしていた。それから十年たったある日の夜、母親から電話がかかってきた。

「家出して、顔を見せなかった父さんが突然、泥酔して帰宅し、息子ともみあっているので、来てほしいという電話だったんです。私が駆けつけると、真っ暗闇のなかで一軒だけ明かりがついていて、ふたりの怒鳴りあう声が響きわたってきました」

「帰れ、おまえなんかの来るとこじゃねえ」とA君が怒鳴ると、酔って立っているのもやっとの父親が「なにい」と言って、足で食卓を蹴りあげる。食器が割れ、茶の間には白い破片が飛び散った。

「きさま、福祉の金もらってるくせに、大きな口きくな」と大声を張りあげる父親めがけて、A君のこぶしが炸裂した。

「小柄なお父さんは吹っとび、台所の床にたたきつけられた……。そしたらA君が大粒の涙を流して、お父さんの胸ぐらをつかみながら、『ちくしょう。親を殴るつらさがわかるか。こんなからだで、こんな家に生まれてよ。友だちにバカにされてよ。おれの気持ちがわかるか。このやろう』と訴えたんです。私はなにもできず、ただただ、立ち尽くすしかありませんでした」

　こんなきびしい現実を突きつけられながら、なにもできずにいる自分が、いかに無力であるかを向谷地さんは悟っていく。

「アルコール依存症の夫をもった妻自身が、そして家族の人たちが、もうこれ以上は耐えられないという状況に、私も毎日さらされるんですね。学生時代に精神科で特別な訓練を受けたわけでもないですから、現場に入って、ぶたれ、たたかれ、心配させられて、こりゃなんだっていうものを、からだで勉強していったようなもんです。二年目ぐらいですかね、ガックリきたというか。いまみたいに、川村先生のような話し相手がいないんですよ。だから私自身、病院に勤めはじめてから、坂道を転げ落ちるように、どんどん、どんどん落ちこんでいったんです」

教会に住みこみ、そこを拠点に

当時はいまのように、精神神経科に通院している人や退院した人たちのための作業所や、生活を支える仕組みやボランティア組織はなかった。住まいの確保や就職の世話にいたるまで、すべて病院が引き受けなければならず、大学を卒業したばかりの向谷地青年がその業務を担うことになる。

「当時の一般的な基準では、すぐに発作を起こす人には退院という方針は出てこない。また、退院しても、戻ってくるのが当たりまえという感じでした。病院を出ても暇ですることがないから、なんとなくボヤーッと暮らしてましたよ。入院している患者さんたちは、院外作業として町のパン屋とか自動車整備工場に出かけていって、多少の小遣いを稼いでくる。それぐらいが唯一、社会復帰に向けてなにかやっているという感じのものでした」

向谷地さんはクリスチャンである。彼が赴任した当時、浦河町には日本キリスト教団の浦河教会があった。しかし、信者の数も少なく、無牧師の状態。日曜日の礼拝には月一回、苫小牧から牧師が二時間かけてやってくる。あとは高校生が司会をして、六人ほどのメンバーがカセットテープの説教を聞いて礼拝をしているという状態だった。

「学生時代に行った札幌のにぎやかな教会と違い、牧師もいない教会に驚きましたが、その質素なたたずまいに、私のこころは逆に素直になれたんです。最初は病院の寮に住みましたが、教会に留守番役で寝泊まりしていた看護婦さんがほかへ出たので、二年目からは私が教会の二階の六畳間で生活することにしたんです」

向谷地さんが教会で暮らしはじめて一年後の一九八〇年、信徒の寄贈で隣に建てられてあった新会堂に、牧師が赴任してきた。このため、それまでの会堂は一部改装して、二階は宿舎、一階は集会場に。集会場では、土曜日にはアルコール依存症の家族をもつ子どもたちの「土曜学校」が、また月に一回は精神障害の回復者の自助グループ「どんぐりの会」が、例会やレクリエーションに使ったりするようになっていった。

「その中心メンバーだった佐々木実さん(現・六十一歳)が二階に住むようになって、旧会堂が精神障害者の活動の拠点になっていくんです。そして、その四年後に、宮島利光牧師が『べてるの家』と命名したんです。佐々木さんは二〇〇二年二月から『社会福祉法人　浦河べてるの家』の理事長になりましたが、彼が分裂病で七年間の長期入院から退院したとき、焼肉屋に集まってお祝いをしたのが、『どんぐりの会』のはじめての集まりでした。一九七八年でしたね」

「べてる」とは聖書に出てくる地名で、「神の家」という意味だ。ベテルと名づけられた町がドイツにある。広大な林のなかにさまざまな障害をもった人たちのための施設があるベテルは、ドイツでは、そうした人びとの暮らす町というイメージが強いという。

浦河べてるの家は、どこの病院からも拒否された人たちや、差別という不条理からさまざまな重荷を背負い、どん底の悲哀を味わってきた人たちを無条件で受け入れていく。退院してきた早坂潔さん（現・四十七歳）もそのひとりだった。

キヨシどんと向谷地さん

イライラ、ムカムカ、キヨシどんとの十数年

「いまは販売部長の肩書きをもって、べてるになくてはならない存在の早坂潔さんも、当時はなにかあるとすぐ発作を起こしていた。壁に体当たりしたり、なにごとにも持続力がなかったり、過敏だったり……。ノミの心臓といわれる彼とずっとつきあってきて、私自身、ソーシャルワーカーという専門職が、なんと無力なものであるかを、ずいぶん体験させられたんですね」

潔さんは、向谷地さんのこころのなかをかき回しながら、あるときは友人として、あるときは挑発者として、向谷地さんとともに二十余年も浦河で暮らし、べてるの家の活動を軌道に乗せた人である。

べてるの家を知っている人に、潔さんのことを説明する必要はあるまい。肩書きは「社会福祉法人浦河べてるの家」常務理事で販売部長。べてるの家の顔でもある。ニックネームは「キヨシどん」。短く刈りあげた頭、太鼓のように膨れあがったお腹を揺さぶりながら歩く姿は、べてるの家で売りだし

ている絵はがきやシャツの絵柄にもなっている。それほどべてるの家にとっては欠かせぬ人物であるのが、潔さんだ。

「早坂潔さんは、私が結婚して出ていったあとの部屋で生活を始めたんです。なかなか仕事にありつけず、仕事についてもプレッシャーで発作をくり返す潔さんを気づかった宮島牧師夫人が、『昆布の袋詰めなら、なんとかできるんじゃないか』といっしょに始めたのが、昆布の袋詰めと販売でした。いまから二十年まえ、一九八三年の秋です。だから早坂潔さんはいまでも、『おれが発作を起こしたから、いまのべてるの家があるんだぞ』と吹聴してるわけです」

いまは講演会で聴衆をまえに、せつせつと自分の言葉で語り、人びとを感動させる潔さんだが、当時は自分を語ることなどはできなかった。

「いまとは正反対で、ほんとうにデリケートでした。三、四日、どこかに旅行に出かけて、ちょっと疲れたと思うとガソリン切れになり、震えて『おっかねえ』としがみついたり、からだをこわばらせたり……。それでも調子のいいときは、場を盛りあげるキャラクターだったんですが、なにか自分の気持ちにふたをしているなと、いつも感じていました」

調子が悪くなると、ウサギ飛びのようにピョンピョン飛んで、ガラス窓に体当たりしたり、逆にからだを硬直させたりしてしまう。食事中にハシを握ったまま動かなくなったこともあった。

べてるの家の販売部長の役割は大きい。歳暮や中元のときに役所や保健所などを訪れて、顔見知りの人に声をかけて注文を取るのは、潔さんの腕にかかっている。ちょっと無理をしたり、トラブルがあったりすると、病状がでて入院となる。入院回数は二十回近くになる。

「入院はよほどのことですから、入院しないでやり過ごしたのは、その何倍にもなりますね。ですからほんとうに十六、七年間、入退院をくり返していたわけです。最近は、以前やっていた意味ありげな立ち居振る舞いはなくなりましたね。それは固く閉ざされていた気持ちの扉を、彼自身も、まわりもたたき続け、響くものがあって、やっと十六、七年かかって柔らかくなり、カパッとほぐれて、扉が開いたという感じでしょうか」

固く閉じられた人のこころの扉をたたき続ける作業は、自分自身との闘いでもある。

「とにかく、彼と会ったときの忘れられない感じは、イライラ、ムカムカです。どんな調子かというと、最初はね、『おうい、向谷地』って、呼び捨てで現れるわけです。おまえとおれは同じ年なのに、おれは生活保護を受けていて、おまえは……と。だけど、おまえなんかに負けるかという態度で、おれとおまえは同じだからなということを、暗に言ってくるんですね」

生年月日は、向谷地さんが一九五五年十二月、潔さんが一九五六年一月と、その差は一か月である。潔さんとのつきあいが始まった当時、向谷地さんは、回復者クラブ「どんぐりの会」の活動も支援していた。

「活動のなかで、たとえば機関紙を印刷することになって、『おい、手伝ってくれな』と早坂潔さんに声をかけると、『なんでおればっかりに言うのよ』とくる。『おまえがいなければ、この会は成り立たないんだ。頼りにしてるんだから頼むよ』と言わせたいんですね。こっちも面倒になって、『わかった。

じゃあ頼まないわ。きょうはご苦労さん。帰っていいよ』と言う。すると、何分か後に顔色変えて戻ってきて、『ごめん、向谷地さん、さっきごめんな』とくる。十数年間、そういうくり返しばかりしてきたんですよ」

子どもが親に無理難題を突きつけ、親の反応を見ることで、自分に対する愛情を確認していく行動によく似ている。

「すねてみて、自分に対してどんな思いをもっているかを見る、つねに駆け引きでしたね。そうやっているうちに、ご飯を食べなくなって、壁にからだごとぶつかったり、人と衝突したりするから、友だちを失ってきた。彼のまわりからはだんだん人がいなくなる。しかもそんな振る舞いをするから、人からしかられ、注意されるという悪循環です。だから自分自身に自信ももてない」

話を聞いていると、向谷地さんと潔さんとの関係は、日常茶飯事の、どこにでもある人間関係そのものである。

「関係を結べず孤立するなかで唯一、暴れる、固くなるというかたちで、彼はコミュニケーションをとってきたと、いまだから言えます。しかし、当時はそういう理解さえ、私のなかにはありませんでした。だから、早坂潔さんは劣等感が強く、人からほめられたり、肯定的な人間関係を結んだりしたことがないにちがいない。人間関係を深めていけば、なにかの手がかりになるんじゃないかと、ただ、その可能性の仮説にしがみついて、やってきたようなものですね」

そんな手を焼かせた潔さんだが、やっとサナギから脱皮したチョウのように、潔さん本来の姿を現しはじめたのである。

援助とは、関係づくりを支援すること

「早坂潔さんが変わったきっかけがあるとすれば、いちばんは『ベリー　オーディナリー　ピープル』のビデオが出て、あちこちから講演の依頼が多くなって、私や川村先生が呼ばれていく。そこへ彼もいっしょに行く。そのことでしょうね。一年に何十回となく、私や川村先生が話すことを、彼はそばで聞いているわけです。これまでに八十回は超えているでしょう。そして、聞いたことを自分の体験とつねに重ねあわせていく。そうしていくうちに、自分の歯車が回ってきたんですね」

「講演で私が、『早坂潔という男がいたおかげで、しかも仕事が長続きしなかったおかげで、べてるの家があるんですよ』と語る。つぎの講演に行って、早坂潔さんに『苦労したな』と言うと、彼からは『そうだよな、おれが暴れたから、べてるの家のいまがあるんだよな』というフレーズが返ってくる。そうやって何回も、何十回も往復して、彼の固い殻が少しずつ、少しずつ、カンナで削りとるように薄くなっていき、それとともに、彼の実感というか、言葉が育っていったんではないですかね」

自分の思いを、気持ちを言葉にするためには、まず人の話を聞く。人が話をしていることに耳を傾け、自分の体験とからめながら、熟成させていく。

「語られている言葉は、ある種のやりとりのなかで掘り起こされたものです。その言葉の力を借りながら、主体的に自分が見えてくるという作業が、つぎの段階として起きてくるんじゃないかと思って

いますね」

向谷地さんと潔さんとの関係は、一見、教える人と教えられる人のようにも思えるが、実態はそうではない。向谷地さんはむしろ逆だと言う。

「ほかのメンバーと唯一違うのは、彼に対してだけは、私は自分の感情を素直に言うことです。『いまのは許せない』って。たとえば、彼が『腹立った』と言ってガラスを割ったり、壁に穴を開けたりしたとき、それに対して、はっきり批判する。『きょうのようなことは早坂潔に対して申し訳ないぞ』『そんなことをいつまで早坂潔にやらせるんだ。かわいそうだと思わないのか』って」

潔さんだけでなく、メンバーにもそのメッセージは伝わっている。「いまの行動は自分に対して申し訳ないぞ」と言われることで、メンバーたちは、そのつど自分自身を客観視できるようになっていく。

「当時、退院した人たちと同じ屋根の下で病院職員が暮らすことは、常識を超えたことで、賛否両論がありました。でも、足かけ三年、精神病棟を退院してきた人たちといっしょに旧会堂の二階で暮らしてみて、ほんとうに家族ってたいへんだなとわかりましたね。ふだん口だけで家族のかたたちに、『本人の気持ちを理解してください』とか『巻きこまれないように』とか、いちおう言っていましたが、実際にはなかなかできるものではない。ほんとうに早坂潔さんが憎たらしくてしようがなかったり、発作というものが理解できなかったりした時期もありました」

「いちばん苦労したのは、私自身に対してです。自分で自分の収拾がつかなくなってくる。そういう経験をしたとき、もしかしたら早坂潔さんは、いつもこういう自分とぶつかりあって、自分が受け入れられなくて、許せなくて、そして混乱しているのか、ということに気づいたんです。彼ら自身がいつも経験していることを、私自身もいま経験している。そのときはじめて、しめしめ、よしよし、という気持ちになって、対等につきあえるようになったという感じがしましたね」

そんな体験をとおして、向谷地さんのソーシャルワーカーとしてのテーマは、人間関係づくりに凝縮されていく。

「退院した人たちと暮らすなかで、彼らの気分のムラについていけない自分がいた。『あした何時にこうしよう』と言っていたのに、時間になっても出てこない。部屋に行ったらまだ寝ている。最初は『そうですか』と冷静に対応していても、何回もくり返されてくると『いい加減にしてほしい』という思いになってくる。手応えのなさからくる不毛な疲労感やいらだちが、私自身の大きな課題となってきたんです。病気を抱えた彼らとの関係づくりができること、関係づくりのできるソーシャルワーカーになることが、私自身の切実なテーマになっていきました。そして、『援助とは、関係を支援すること』というイメージへとつながっていくんです。それを鍛えてくれた最高の師匠が、早坂潔さんでした」

キヨシどんが浦河へやってくるまで

潔さんから私は、何回にもわたって話を聞いた。

子どものころ、潔さんの家庭には日常的に暴力があり、中学は特殊学級に通ったことで、仲間や弟からもバカにされた。そこでは自分の思いを言葉にして伝えたり、訴えたりする回路を閉ざされていた。中学では当時、A、B、Cというクラス名がついていて、特殊学級は最後のG組だった。

「うちの母さんが大病してさ、潔は人並みのところでは苦労するから、中学では特殊学級に入れて、施設に入れようとしたんだね。でも、指をあわせてGの字をつくって、『G組だ、G組だ』ってバカにされてな。それを友だちでなく、弟がやるわけさ。おれの場合は(きつかったのは)外ではなくて、家庭内だね」

父親と母親は、札幌に近い小さな町で木工所に勤めていた。午後四時ごろに仕事を終えると、焼酎を飲みながら仲間とマージャンを始め、それが深夜まで続いた。

「記憶にあるのは、ちっちゃいときに、父さん晩酌好きだから、酔っぱらうと裸になってからんできて、母さんをいじめたりな。刀のさやで母さんをぶったたいたりさ、殴るんだ。からだや顔も蹴とばす。おっかなかったよ。ビクビク、ビクビクして、だから(家族で)話しあうなんてことなかったよ」

弟とくらべて、どこか動作が緩慢で、反応が鈍かったのだろう。精神的にも肉体的にも、親からきつい仕打ちをうけていた。

「勉強しないで遊んでばかりいるって、母さんからは火箸でたたかれたな。でも、母さんは、女だから、愛があった。父さんにもやられたけど、いちばん怖いんだな。なんでおれは、こんなに怒られたり、殴られたり、みじめな思いしなければならないんかって。隣に秋田さんっていうすごくいい父さんがいるわけよ。おれ、こころのなかで、あの人の子どもだったらいいなあって思ったな」

ケンカが絶えなかった夫婦は、潔さんが小学五年のときに離婚。母親は浦河の隣町の様似に移り、町営住宅に入って生活保護を受け、魚の網はずしなどをしながらふたりの子を育てた。

「母さんも酒好きで、飲んべ友だち多いもんだから、夜遅くまでトッパ(花札)やったり……。そのころイヤだったのは、『おまえの母さん、好きな男と寝てるぞ』とか、いろいろ言われたことだな。母さん四十代だな。おれが学校から帰ってくると、部屋に男がいるんだわ。やっぱり寝てたりしてるんだ。……でも、それはそれでいいんでねえの」

潔さんは中学三年の九月、発病して入院した。

「寝てたら障子の桟《さん》に黒いものが映ったりさ、壁見たら警察の手錠が壁に映ってるんだわ。人の気配がしたり、へんな匂いが押し入れのなかからして、立ちあがって茶の間に出たらぶっ倒れたりしてさ。どうにもなんないっていうんで、病院の車で何人かに連れられて赤十字に入院したの。九月ごろで、あくる年の七月七日に退院したの」

卒業証書は入院先の浦河赤十字病院でもらった。退院後、恵庭《えにわ》市内の映画館で映写技師として八年間、働いた。いまとは違ってやせたからだで、六十キロ近いフィルムを担ぐのはたいへんで、何度も後ろにひっくり返り、フィルムを落としたりした。給料は五万円だったが、生活費や暖房費などを引かれ、二万二千円が自由に使える金だった。

「そこで我慢してやってたらよかったけど、『おれのところで働いたら七万円やる』という誘いに乗って、映画館を飛びだして、様似の牧場で馬に牧草やったりする仕事したけど、また発病して入院して、そのとき向谷地さんと会ったんだ。それから牧場に戻ったけど、金もくれず、バカにされるんで頭にきて、二百三十円持ってバスに乗って、浦河に来て、向谷地さんに相談したら、『とりあえず入院するしかない』と言われて入院したんだ」

調子が悪くなると固まるというのは、どういう状態になるのだろう。

「川村先生といちど、ラーメン食べに行ったら固まって……。こうやってラーメンをすくって口に持っていこうとしたまま動かなくなってしまうんだ。彫像のような感じさ。からだが動かなくなるんだから、つらいぞ」

入院するほど状態が悪いときは、幻聴が聞こえたり、幻覚に襲われたりすることもある。

「病気になるのは薬を飲まなくなって、眠れなくなるときだな。寝てると『おうい』という男の声が聞こえたり、女の声が『なんだとか、なんだとか』って耳元でささやいたり、『キャッ、キャッ』って騒ぐんだわ。もっと悪くなると太い声で『死ねっ』ってくるの。男の声でね。幻覚は、暗い部屋から金色とか緑色の5とか4とか3の数字がおれに向かってくるんだ。すごく悪くなったら、まるい光が赤い色とか金色、紫色に見えたり。症状によっていろいろあるさ」

母親は潔さんが十七歳のときにガンで亡くなった。五十四歳の若さだった。

「母さん、やせてて、なんかおかしいと思って入院したら、肺ガンだったんだと。若いときからからだ悪くしててな。様似病院に入院したりしてたんだ。あまり、うちに食べ物なかったのさ。生活保護だったからね。母さんの好きなものは焼酎だとかタバコとかさ、あとはお金が入ったら、いろいろ買って、あまったら、だれかに預けとくっていう感じだったんだわ」

私が潔さんに最初に会ったのは一九九八年の十二月だった。潔さんは販売部長として、歳暮用のソバや、しめ縄の注文をとりに役場などを訪問していた。調子が悪いのか、注文をとって車に戻ってくると、『あれでよかったんべか』と、何回も同じ言葉をくり返し、自分の行動を気にしていた。その潔さんが別人のように雄弁になり、講演会でも自分の言葉で、人びとの胸に響くことを語りはじめたのは、ここ一、二年のことである。

病気でも、なにもしなくても生きられるんだよ

なぜ、変わることができたのだろうか。

「早坂潔をいじめなくなったんだわ。いままでは自分が嫌いで嫌いで、自分の顔もイヤだったし、声も嫌いだったけどさ、でも、いいヤツなんだよと思えるようになった。そしたら言葉が出るようになったんだ。自分を嫌いなときは、人の言うことも聞けなかったというか、『くさいから風呂に入りなさい』と言われても、言われたままで……。自分は汚いもんだと思ってたから、どうでもいい、おれはダメな人間だとあきらめていたからね。だから病気というパフォーマンスでしか訴えられなかったし、汚らしくしてると言葉が見つからない。日本語が語れないみたいだな」

「いままでは問題が起きると、アッパラパーになっていたんだけども、いまは、ちゃんと問題を受け

入れることができるようになったんだわ。それは自分の力だけではできないな。まわりの人たちがスパスパ言ってくるから、それを切り捨てるんじゃなくて、受け入れていったんだ。『くさいからシャワー浴びなさい』って言われて、きれいにするということを身につけると、おもしろいっていうか、楽しいんだわ」

講演で話をしたりすることも、プラスにつながっているのだろうか。

「自分を好きになるように、人も好きになるようになったんだ。そしたら女の子も何人かついてきたんだ。きのう岩見沢に講演で行ったんだけど、おれのビデオ見た人がね、『おれに会いたい。好きだ』と言う人が出てきたのよ。いままで、そんなことを言われたことがないんだもん。自分はダメだと思っていたんだけど、ダメな人間でも関心をもってくれたり、好きだと言ってくれる人が出てきたということだよね」

潔さんも、四十代後半になって、やっと夢を語れるようになった。潔さんの口調は、しみじみした調子になってきた。

「おれ、やっぱり夢というか、金も儲けて、結婚して、平凡な暮らしがしたい。夢で終わったけど、まだね、捨てきれないって言ったら変だけど、まだ夢あるもんな。おれ、だから、こういう病気になって、こういう病気の弱さをみんなに知ってもらいたい。こういうおれでも生きられるんだよ。なにもしなくても、生きられるんだということを訴えたいね。精神病者だからこそ、弱い人の視点で生きていける。落ちるところまで落ちたら楽だべ。高いところなんかいらないもん。最低の暮らしが保障されていればいい」

「みんながんばってくれたから、べてるの家は全国的になったけど、それはそれでいいけれど、こんなにべてるの家が有名にならなくてもいいと思う。それよりも横の関係、人間関係を大切にしていきたいという気持ちだな。早坂潔ができるんだから、ほかの人もできるって。それはひとりの力だけじゃなくて、いろんな助けを借りてね」

嫌いな自分が好きになる、ありのままの自分を受け入れることができるようになったら、こうも雄弁に語ることができるようになるのか。

自分の言葉で語ることができるようになった潔さんの姿を見るにつけ、潔さんを支えてきたべてるの家の仲間、そして二十数年間、ソーシャルワーカーとして苦労を共有してきた向谷地さんの姿が浮かんでくるのだ。

自分と社会の不条理に向きあった中学生時代

向谷地さんは、青森県上北郡百石《ももいし》町で生まれた。四人きょうだいの二番目。父親は中学校の教師、母親は専業主婦である。

小中学校時代からクールでさめた感覚をもっていたらしい。少し大人びた感じの向谷地少年は、担任となった新米の熱血教師をイライラさせる存在だったようだ。なにかにつけて理不尽な叱責を受けたりしたため、教師へのよい思い出はあまりない。

「中学一年の三学期には、クラス会の運営の仕方が悪いと、突然、担任の怒りが爆発して、クラス委員長で司会をしていたぼくは、顔が腫れあがるほど殴られました」

その後遺症のためか、二日後の体育の授業で、スケートのスタート練習中に転倒、意識不明となり、長期欠席となる。

「ふたり並んでスタートしたら、接触して転倒し、頭を強打して、記憶喪失になっちゃったんです。頭を打ったという記憶はあるんだけれど、それから四時間ぐらい記憶をなくして、気がついたら教室で授業を受けていた。家に帰っても頭が痛くて、つぎの日、朝起きたら猛烈な吐き気と目まいがして歩けない。それから学校へ行けなくなって、学校を休みはじめました。結局、家の転居で十五キロほど離れた新しい学校に転校するまでの三か月間、学校に行かなかった。たいした期間じゃないかもしれませんが、ぼくにとっては、ものすごく長い時間だったですね」

その三か月間は、すべての人が自分のことを噂しているという被害妄想に陥った。

「小さい町ですから。『いつも生徒相談室に呼ばれているらしい』などと噂されているようで、だんだん被害妄想みたいになってくるんですよ。外を散歩していても、だれか来たら、パッと隠れるとか」

当時、ベトナム戦争が泥沼化して、激しい北爆が続いていた。日本でも、ベトナム戦争反対の学生運動が盛りあがっていた。中学三年のときには三島由紀夫の自決事件が起きた。

「ぼくは小学生時代から新聞を読むのが大好きでしたから、爆弾が落ちるなかでそれこそ命がけで生活しているベトナムの子どもたちと、教師にいためつけられた自分とを結びつけて、どこかである種の連帯感を感じていたと思います。中学に入っていろんな問題で苦労しながら、そうか、自分よりもっとつらい体験をしている人たちがいるのか、ああ、こうやって、あちこちで、みんな苦しんでいるんだと、気持ちのうえでの根の張り方をしていたというか。それでがんばれたと思うんですね」

読書を通じて出会ったさまざまな思想家や作家たちにも支えられた。本のなかに、自分の悩みとの共通テーマを見いだして、自分自身を励ました。そんな思いにひとり悩む向谷地少年を、母親は教会に連れていった。

「私の母は熱心なクリスチャンで、当時はまだ求道中でした。その母に連れられて、中学二年のとき、十和田市にある三本木教会の特別伝道集会に行ったのが、教会と出会ったきっかけですね。当時、私は生きることの本質は悩むことだと思っていましたから、教会に行って、そういう考え方にお墨つきをもらったと思ったかもしれません」

牧師は六十代、満州の憲兵隊あがりという変わり種で、強烈な信仰体験が生活ぜんたいに満ちあふれている人だった。

高校は地元の県立高校に進学した。だが、成績順にクラス分けするやり方に反発し、試験の答案は赤点スレスレに書いて提出。部活のバドミントンに情熱を傾けるいっぽうで、教会に出入りする若者たちと、さまざまな問題について議論することに熱中した。

「教会に来る高校生の仲間で、ませたやつがいてね。サルトルの『存在と無』とかをいつも持ち歩いていて、ほほを真っ赤にして論争をしかけてくるんですよ。靖国神社の問題と憲法九条との整合性とかね。禁欲的な牧師でしたが、ご飯を食べさせてくれたり、泊めてくれたりもして、学校では得られないひとつの場でしたね」

そんな高校生仲間と、滋賀県にある重度心身障害児施設「止揚学園」にワークキャンプに行ったこともある。

「そこで学んだ感覚というのは、どんな障害がある子どもでも普通に、ということにこだわる徹底したやり方ですかね。なにか人とかかわる、人と向きあう仕事がしたい。新聞記者、弁護士、福祉と、いろいろしたいことがありましたけれど、そのワークキャンプの体験もあって、福祉に行こうと決めたんです」

ホームで死を待つお年寄りたちと

高校は予定どおりに最後のほうの成績で卒業、牧師の知りあいがチャプレン（大学付きの牧師）をしていた札幌の私立北星学園大学福祉学科に入学する。

札幌で生活しはじめたとたん、それまで続けてきた禁欲的な生活を維持することは無理だと実感させられる。深夜、大学の学生寮の先輩たちに竹刀《しない》でたたき起こされ、バケツに注いだ酒をまわし飲みさせられた。札幌の教会は、青森の片田舎の教会とちがい、伝道拠点として喫茶店も運営していた。集まった若者たちはタバコを吸い、集会が終わると「飲みに行こう」と誘ってくる。

「当時、青森の禁欲的な牧師の影響から、タバコも酒もやらない人がいい人だとする考えが強くて、教会に来ているくせにタバコを吸ってるとか、牧師のくせに酒が好きだとか、私は、人間にはいろんな人がいるという目で人を見ることができなかった。田舎者だから単純な論理や建前にしがみついて、自分を守ろうとする。でも、ところ変われば、人の考えも、なにがだいじかも変わっていく。そうした多様性のなかで、自分の根無し草みたいなところ、そして酒を飲んでいる、タバコを吸っているということだけを、まるで正義の剣を振りかざすように切っている自分の浅薄さをすごく感じましたね」

当時、学生運動も下火になって、世の中の動きが静まっていくなかで、向谷地青年にとっての切実な課題は、その〝苦労のなさ〟だった。

「ぼくにとっての最大の危機感は〝苦労のなさ〟でした。大学に入っていちばんしたかったのは、苦労することだった。どうしたらいいか考えたとき、親からの仕送りをことわって、働きながら大学へ通う道を選択したんです。苦労することを通じて、生きるということの手応えと、人間存在の根底にある実存的な危機の意味を探そうとしていたように思います」

仕送りを受けずに生活するため、一年の三学期から、牧師が紹介してくれた特養ホームに住みこみ、電話番のアルバイトを始める。

「ホームの光景は、自分にとってすごく不安なものでした。しかし、現実を受け入れなければならない。それまでは自分自身の問題としてたいへんなことはあったけれど、十八、九歳といえば、これからという年ごろですよね。そういうときに、人間の最後はこれなんだよと、突然見せつけられたんです」

特養ホームは定員五十人ほど。札幌といっても、小樽に隣接する場所にあった。そこから大学まではバスを乗り継いで片道二時間近くかかった。午前七時まえにバスに乗り、大学へ行き、授業が終わるとふたたびバスに乗って、午後五時からホームで電話番をする生活を二年間、続けた。

「ちょっと早めに帰ってくると、白いエプロンをつけて、お年寄りにご飯を食べさせる。急患が出たら、病院に連絡して、救急の先生に来てもらう。救急措置の器具を持って先生といっしょに病室に行って、という使い走りですね。亡くなったら、霊安室のカギを開けて遺体を運ぶ。そんなことをやってました」

学費や生活費を稼ぐため、夏休みは青森の自宅に帰省せず、ホームで入浴介助やオムツの洗濯・乾燥、草刈りなどに汗を流した。

「当時、ホームで寝たきりになって終末を迎えるお年寄りの多くが、若いころにしあわせな人生を送ってこなかった人たちであることに気づいて、そういう人たちが毎日、天井の節穴を見ながらお迎えを待っているような光景は、私にはすごく衝撃的でした。まがりなりにも福祉を勉強して、こういうかたたちとかかわりをもとうとしたとき、自分はこういう現実を受け入れられるか。自分になんの準備もないことに気がついたんです。それが最大のテーマになっていくんです」

自分ひとりだけ、しあわせにはならない

そんなときである。エリ・ヴィーゼルの書いた『夜』（みすず書房）という本に出会う。ヴィーゼルはユ

ダヤ人で、両親をはじめきょうだいがアウシュビッツに送りこまれ、生死をさまよう過酷な体験をする。その重い心情を彼は『夜』『夜明け』『昼』の三部作にまとめた。

「きょうだいがガス室につぎつぎに送りこまれていくなかで、少年の人生観ができあがっていく。この作品に込められている、〝親やきょうだいのことを忘れて、自分ひとりだけ、しあわせになんか絶対にならない〟というその感覚が、私のなかにワッと染みこんできたんです」

中学時代に教師に殴られ、学校に行けず悶々としながら、ベトナム戦争下の子どもたちに思いをはせていた感覚がよみがえってきた。

「つらい状況のなかで、同時に自分がつながりあっている一種の世相とか、世界の情勢というのがあった。あのときの感覚と、『自分だけがしあわせにならない』というメッセージに、一脈通ずるものを感じたんですね。だからこそ、自分のたいへんさのなかに使命感を感じた。けっして個人の不幸だとか、個人のエピソードではなくて、ある種の普遍的な、深い苦悩に自分は真っ正面から向きあっている、と。だけどたいへんだぞ、という思いもあって……」

いま、べてるの家で、精神障害をもった当事者や、引きこもる若い人たちの親から話を聞いたりするとき、単純に本人や親たちの問題や責任に帰すことをしない向谷地さんの奥深い思想は、中学時代から向きあってきた不条理を、特養ホームで見た光景に結実させることで、揺るぎないものとなったのであろう。

「私は病気の人たちに、『いま、困ったり苦しんだりしていることって、とても大切なことだよ』といつも言います。『それをけっして、あなたの個人的なものに終わらせないで、ある種の苦悩において、多くの人と連帯しようよ』って。治すとか、社会復帰とか、障害を克服するとかいったうわべではなく、あなたの苦しんでいるその苦労そのものが、根本的に人と連帯するんだ、ということの価値を伝えたい。そういう役割を背負ったものとして、いっしょにやっていこうよと」

難病の人びとから当事者活動の重要性を学ぶ

向谷地さんがアルバイトをしていた当時の特養ホームは、当事者の立場を重んじるより、「介護をしてやっている」というムードが強く、向谷地青年はそれに反発した。

「私が頼まれて、おばあちゃんの入浴介助をする。介助する人は男ばかり。『このおばあちゃん、恥ずかしくないのかなあ。おれだったらイヤだなあ』って単純に思うんです。オムツ交換も、おおっぴらで……。一日中寝たきりでしょ。この人たちは、それまでの自分の歩みをどんなふうに考えているのかなあ、満足しているのかなあと考えると、介助のあり方にムカムカしてくるわけです」

向谷地青年はわざわざ休暇をとって、ホームの理事の家を訪ね、改善を申し入れて、逆に怒られたりしたこともあった。親しみを感じたり、「ヤッちゃん」とかわいがってくれたりした老人が亡くなることは、つらいことだった。

「がっくりきます。ところが、ひとりのお年寄りが亡くなっても、ホームのプログラムはなにも変わらないし、みんな、なにごともなかったようにして一日が始まっていく。そういうのに敏感に傷つくわけです。二年間働いていろいろと体験したけれど、ただただ、卒業までこうしているのはダメだ、この現実を乗り越えるなにかを学び、取り組まないとダメだと思って、三年生の終わりにそのバイトを辞めました」

バイトは辞めたが、一年生のときから暇を見つけては家庭訪問して、難病の人たちの介助をしていたボランティアだけは、卒業するまで続けた。この四年間のボランティア体験から得たものも、ソーシャルワーカーとしての活動を大きく支えているといってよい。

当時、スモン病や筋ジストロフィー症などの難病をもった人たちが、札幌市内に小さな事務所を借りて、患者運動を始めていた。大学に入学早々、その人たちが介助ボランティアを募集していると先輩に声をかけられて、手伝いにいったのがきっかけだった。

一週間に一回、家庭訪問した札幌市の郊外にある農家は、きょうだい三人とも筋ジストロフィー症だった。彼らは就学免除で学校に行かず、時間をもてあましていた。

「部屋のなかを、からだ全体を動かして移動するような状態ですね。彼らの話し相手になったり……。いちばん予後が悪いズシャンヌ型といって、二十歳ぐらいまでしか生きられないといわれていた。本人も、こんどは自分じゃないかと自覚しているんです。いちばん下の子は小学生でした」

また、日曜日になると電話をかけてくる競馬好きの筋ジストロフィーの青年がいた。その青年はどうにか障害者用の車の運転ができたので、背負って車に乗せ、いっしょに競馬場に行った。以前、日曜日に通っていた札幌の教会には、大学三年生の夏ごろからぷっつり行かなくなった。

「難病連や道庁のスタッフたちといっしょに難病相談会に参加し、北海道内を巡回したりしました。そのなかで、当事者活動の重要性を学んだんです。当時、難病の人たちが施設から出て、住宅を借りて地域で暮らす運動を展開していました。難病でも地域で暮らせることを実証して、社会に訴えていたんです。そうした人たちを訪ねていっしょに食事をしたり、ハンセン病の療養所を訪ねて、療養者の苦難の歴史に触れたりしているうちに、人間としての苦悩や不安の意味を知ることができたと思います。と同時に、病気や障害を体験した当事者が日本の医療や福祉を変えてきた、という確信をもつようになったんです」

卒業が近くなって、他の学生が就職活動を開始したが、向谷地青年はいっさいしなかった。

「さまざまな現実に向きあって学んでいくうち、卒業したら仕事について人とかかわるなんて、私などにできるはずがないと思っていましたね。自信がないというより、難病を抱えた子どもたちの姿や、死を待つお年寄りの姿を見ているだけに、てのひらを返したように、福祉の専門職として人に『相談してください』などとは言えない。一種のおそれですね。相手の悩みをだいじに思えば思うほど、自分なんて、そういう悩みの相談を受けたり、なにかしたりするのは恐れおおくて、そんなことはできないという思いでした」

仲間が就職先を決めていくのに、向谷地青年だけは、介助のボランティアを続けながら、卒論だけは仕上げようと原稿用紙に向かっていた。十一月が過ぎ、十二月になり、掲示板の求人プレートも少なくなっていく。応募者がなく、最後まで残っていた浦河赤十字病院のソーシャルワーカー募集のプレートもはずされてしまった。そんなときだ。ゼミの教授から電話がかかってきた。

「いろんな人に声をかけたが、だれも行かない。浦河でワーカーを求めている。受けてみないか」

　その人気のなさにひかれて、とりあえず面接を受けてみようという気になった。だが、背広もネクタイもない。青森の実家に電話したところ、「買ってやるからいちど帰ってこい」という返事。腕時計と英会話教材を質屋で売って、帰るための電車賃を調達した。

試験当日、始発列車で札幌から浦河に向かったが、気がついたら髪は肩下まで垂れさがっていた。

「卒論に追われて、一か月も風呂に入らず、床屋に半年も行ってなかったので、髪はボサボサ。浦河の町に着いてから床屋に駆けこみ、おかげで面接時間にも遅れて、ダメかなと思ったんですが、採用となり、浦河赤十字病院に就職することになったんです」

商売の苦労、買います

人間らしい苦労をとり戻すために

べてるの家の仕事は、浦河教会の旧会堂の一階で、早坂潔さんと宮島牧師夫人のふたりが細ぼそと始めた昆布の袋詰めの内職が最初だった。やがて袋詰めを手伝う人がひとり増え、ふたり増え、六人になった五年目の一九八八年十一月。とんだハプニングが起きた。

原材料の昆布が届かないのにしびれを切らしたメンバーの石井健さん(現・六十一歳)が工場に電話。「早く昆布持ってきて」と言ったのだが、薬のために言葉がはっきりせず、工場長は酒を飲んで酔っぱらっているとかんちがいした。カッとなった工場長が「もう、べてるの家には仕事をまわさない」と、機材を引き揚げてしまった。内職作業は中断となった。

その石井さんは、一九九八年十二月、私がはじめてべてるの家を訪れたとき、浦河赤十字病院の閉鎖病棟にいた。直立不動の姿勢で「きをつけ。前へ進め」と大声をあげ、廊下をひとりで何度も行進することをくり返していた。年に一回、開かれるべてるの家の総会のときには、司会のマイクを取りあげて、好きな歌をうたったりして場を乱していた。しかし、べてるの家のメンバーたちは、そんな石井さんの行動をとがめることなく、笑って受け入れているのに驚かされた。

向谷地さんは当時をふり返る。

「べてるの家の事業も、この石井さんの失敗から始まりました。その昆布工場がまもなく倒産したんです。メンバーから『おまえのために仕事がなくなった』と叱責されて、しょんぼりしていた石井さんでしたが、倒産したことで逆に、『石井さんのおかげで、自分たちで商売やるきっかけになった』とヒーローになった。ノーベル賞級の発明だって、みんな失敗から始まっていますよね。筑波大名誉教授の白川英樹さんの実験も、化学賞を受賞した田中耕一さんの研究も、やはり失敗からですからね」

これまで多くの人が、精神病という病気のために、自分で考え、自分で決めて、行動するという当事者性を奪われてきた。べてるの家では、なにも自分で決められない、できないとされてきた人たちが、その存在感を含めて自分の役割を、つまり広い意味での仕事を再発見できるようになっていく。

「ぼくが浦河に来て、精神障害をもった人たちに出会って最初に感じたことは、この人たちは病気によってしあわせを奪われているのではなく、本来的に人間に与えられているはずの苦労を奪われているということでした。病院を退院してきた回復者のメンバーたちに、『商売をやってみないか』と提案したのは、奪われた苦労をいっしょにわかちあってみたかった、メンバーたちが見失ったり、忘れかけたりしていた苦労の味をもう一度とり戻し、それを共有したかったからなんです」

苦悩を生きるひとりの人間として、人口が減りつづける過疎の町でなにができるだろうかと考えつづけていた向谷地さんにとって、この「商売」という発想は、絶好のキーワードになっていく。

「というのも、商売は苦労の連続です。そして商売は人間関係そのもの、お客さんとの関係や仲間同士の人間関係が利益に大きく影響してくる。しかも、競争し、利益を優先しなければならない商売は、精神障害をもつ人たちにとってはいちばん苦手で、できないことなんです。精神障害のために、人間関係の危機に何度も直面してきたメンバーたちにとって、商売をすることは、人間関係を回復することと同じ意味をもつ挑戦でもあったわけなんです」

その商売を軌道に乗せたのは、能力・効率主義とは無縁のやり方を選びとった人びとである。学歴や能率、効率を重視しながらも、バブル経済破綻後はマイナス成長を続けている一般企業とは、逆の発想が功を奏しているのだからおもしろい。

「早坂潔さんは、商売という観点からみると、もっとも役立たない存在の象徴みたいな男です。飽きやすい、長続きしない、プレッシャーがかかると発作を起こす。仕事ではいちばん端っこにいた男ですよ。でも待てよ、しゃべらせると天下一品だからと、いつも盛りたててきた。仕事ができない男を引っぱってきて、『おい、商売やろう、金儲けしないか』と声をかけ、始めたわけで、それがちゃんと商売になっているんです」

年商一億、利益は百万、そのヒケツ

メンバーは話しあった。下請けの内職作業ではなく、自分たちが昆布を仕入れて商品化し、全国の日本キリスト教団傘下の教会に産地直送で販売してもらえば、きっと売れるにちがいない。昆布を刻んで、お茶パックに詰めた新商品「だしパック」も誕生した。

「彼らは直接、昆布をあつかう漁業協同組合に出かけていって、『浦河の昆布を全国に売りたいんです』と訴えたんです。元手は十万円でした。その後、商品の種類も増やし、販路を開拓していきました。そんな作業を続けながら、浦河赤十字病院が外注に出した業務（廃棄物の処理など）を引き受けたり、精神科病棟を中心に始めた紙オムツなどの個別配達も、ほかの病棟から浦河町にまで広がっていったりして、五年後には、自分たちで会社をつくろうという話に発展していったんですね」

一九九三年に有限会社「福祉ショップべてる」は、資本金三百万円でスタート。着実に売り上げを伸ばした。

従来のべてるの家の事業は、小規模通所授産施設と作業所、共同住宅、そして「福祉ショップべてる」の三つに分けてやってきた。二〇〇二年二月、福祉ショップをのぞく部門が「社会福祉法人　浦河べてるの家」となった。それぞれ別会計であり、売り上げの割合は、福祉ショップが七、授産施設が三。授産施設の職員の給与は国からの補助と寄附金でまかない、利益は働いている人に還元する。現在、十六棟ある共同住宅は、国からの運営費補助が三棟に出て、それで三人の世話人を雇って、十六棟をカバーしている。

「いちばん売り上げが伸びたのが会社部門の福祉ショップべてるで、そのなかでは介護用品の販売と浦河赤十字病院の給食配膳、廃棄物処理の請け負いが収入としては大きいですね。売り上げのトップは紙オムツで、『一個でも配達します』というのがウケて、いまは浦河町内から周辺の町まで、佐々木社長が車を運転して配達しています」

年間の総売り上げが一億円を超えたからといって、人件費や商品の仕入れ経費などを差し引いた純利益は、百万円にもならない。

「でも、考えてみてください。商店や企業が赤字を出したり、倒産があいついだりしている地方の町で、わずかでも黒字決算を出しているんです。商売の法則からすれば、売り上げが伸びると、資金がショートしてきます。品物が売れ、帳簿上の売り上げが増えれば、仕入れも増える。仕入れ問屋への支払いは一か月以内にしなければならない。ところが、公的機関などから支払いがくるのは、議会の承認が必要という理由で三か月後、長いと半年後ですよね。売り上げが伸びているのに資金繰りが悪化して、黒字倒産が出てくるんです」

そんななか、売り上げを伸ばしながら組織を維持しているべてるの家の給与システムは、じつにユニークだ。原則として、働いた時間を自己申告しての時給制を採用している。

「昆布の袋詰めの作業所は、基本的には分配方式で、九〇年に始めたころは時給五十円。それがいまは二百二十円になりました。いちばん長く働く人で一日五、六時間、月にすると一万五、六千円。少ない人は千円とか二千円の人もいますね」

いっぽうの福祉ショップべてるでは、働く職場ごとに時給の単価がことなるなど、計算はもっと複雑になってくる。固定給のメンバーは佐々木社長と、建物の営繕を担当している大工さんのふたりで、あとのメンバーは原則、時給制だ。ここでも働いた時間は自己申告制になっている。

「体調が悪い、気分がのらないと言って、二週間、三週間と出勤してこない人もいる。普通の会社だったら、それではクビです。でも、べてるの家ではクビにならない。また仕事ができる。佐々木社長も、仲間にとって頼りになるリーダーですが、一般企業のような経営者とは違います。このように大きくなった組織を壊さずにやっていく秘訣は、経営者を置かないということですね。みんなが参加するミーティングで、問題が起こるたびに話しあって、そのつど決めていく。給料が安いという不満が出ても、いま、どのくらい収入があって、支出はいくら、仕入れのための金はこれだけ必要だからと、データをもとに検討していくと、給料分はこれしか出ないということがわかって、それぞれが納得するわけです。働いた場所や時間によって、給料の額が決まっていきます。福祉ショップべてるで休まず働いた人は月に七、八万円になりますかね」

そんなべてるの家の仕事は、ここ二、三年、急激に変わりつつある。というのもテレビや新聞、全国各地の講演でべてるの家を知ったと言って、浦河にやってくる病気を抱えた人たちが増えてきたからだ。

「昆布の袋詰めは、高齢者の、ゆったりした作業を好む人たちにとっては、いちばんいい仕事なんです。ところが、新しい人が増えて、昆布の仕事が取りあいになる。若い人たちが入って集中して作業すると、ものすごい生産量が上がる。売れる、売れないに関係なく、あっというまに在庫ができてしまう。倉庫に製品の山ができて、昆布をさらに仕入れると、資金繰りが悪化するんです」

そこでどうしたか。「所得倍増計画」というキャッチフレーズを掲げて、メンバー一人ひとりが自分の得意技を生かすプロジェクト方式を採用したのだ。

「新しいプロジェクトを起こすときは、まず理念やリスク、それに自分たちが抱える課題をあきらかにして、やっていこうよと……。まだまだ試行錯誤の段階ですが、たとえば、絵がうまい人だったら、べてるの家の絵はがきをつくって売る。その人が版権をもって、利益の何パーセントかが印税みたいにして本人に入るという仕組みですね」

そんな流れのなかで、ビデオ事業部が取り組んで制作したのが、「シリーズ・精神分裂病を生きる」というタイトルの全十巻・各三十分のビデオだ。そして、出版部が取り組んだべてるの家の実践を紹介した『べてるの家の「非」援助論』(医学書院)がヒットしたのである。

〝弱さ〟を元手に所得倍増計画

メンバーたちが自分の病気のありのままを語ったビデオ「精神分裂病を生きる」は、TBSの「ニュース23」でとりあげられた。二〇〇一年六月に発売したところ、全国から注文が殺到、あっというまに二百五十セット(十本組・定価六万円)が売れた。

「所得倍増計画のミーティングを重ねていくうちに、NHKの人気番組『プロジェクトX』のことが話題になった。メンバー一人ひとりが自分の得意技、プロジェクトXをもっているはずだ。その得意技を生かせば、商売になるという話になった。どういうプロジェクトができるか議論をしていくうちに、自分の弱さ、自分の病気を生かすこと、というコンセプトが出てきたんです。だって、みんな売るものないんだから。売りだすチャンネルは、本の出版、ビデオといろいろあるじゃないかと……。講師陣も、引きこもり傾向、精神バラバラ傾向、爆発型とバラエティに富んでいる。それはとってつけた話でなくて、それなりに実感できる構想だったんです」

プロジェクトXをもじって「プロジェクトB」と呼ぶことにした。Bは「びょうき」のBである。

ビデオ「精神分裂病を生きる」の企画は、以前「ベリー　オーディナリー　ピープル」をまとめた映像作家、四宮鉄男さんに話をし、専門家を交えて話しあっていくうちに、どんどん具体化していった。

「調べてみたら、分裂病(統合失調症)の当事者が自分たちの病気について語っている映画やビデオはないんです。三十年まえに著名な精神科の先生が監修してつくったビデオがあるというので、とり寄せて見たら、ひどいもんですよ。あれ見たら、みんな絶望しますね。製薬会社がスポンサーになって、それなりにお金をかけてつくったものらしいんですが。前後不覚になってブルブル震えている人を撮って、その後、薬でこんなによくなったという内容だけど、どう見ても、よくなったとは思われない。そういうビデオを見て、分裂病とはこういうもんだという認識で医者になってる人が多いわけですね」

病気よりも生き方への反響を呼んで

最初のビデオ「ベリー　オーディナリー　ピープル」は、べてるの家の人びとの生きる姿にこころを打たれた、清水義晴さん（五十三歳・新潟県在住）のアイデアから生まれたものだった。

清水さんもユニークな人だ。三十八歳のときに家業の印刷業を弟に引き継ぎ、現在は「えにし屋」という屋号で全国を飛びまわり、「まちづくりコーディネーター」として、各地のまちづくりやNPOを支援し、つなげる役割に専念してきた。

一九九〇年に浦河町で講演したのがきっかけで、べてるの家との交流が始まる。失敗や苦労を糧にして信頼を育んでいるメンバーたちの生き方、組織のあり方に感動した清水さんは、一九九二年、『べてるの家の本――和解の時代《とき》』（べてるの家刊）を企画・発行、さらに「べてるの家のありのままの姿を知ってもらうには映像しかない」と、友人の四宮鉄男さんにもちかけ、みずからがプロデューサーになった。

一九九五年から撮影を始め、編集してできあがったものを「予告編一」「予告編二」と出しているうち、八本ができあがった。

販売方法もユニークだ。できるだけ多くの人に見てもらおうと、コピーは自由。一本につきテープ代とダビング料二千百円をべてるの家に送ると、ビデオが送られてくる。それからダビングして人に配ろうとかまわない。要は、べてるの家の存在とユニークな生き方を知る人がひとりでも増え、べてるのような場がもっとできればいい、という発想である。

「『ベリー　オーディナリー　ピープル』の出荷数はすでに五千本を超え、全国の医学部のある大学や看護師養成の専門学校からの注文が多くなっています。でも長いのは一本二時間にもなるから、授業でぜんぶ見るわけにいかず、部分的に利用しているという話を聞いて、『精神分裂病を生きる』は大学の講義で使えるように、一本三十分が限度だと。だから焦点を絞ってつくろうという話になったんです」

『精神分裂病を生きる』発売直前の二〇〇一年五月十日の夜、メンバーのひとりである清水里香さん（三十一歳）が「ニュース23」に生出演して、ビデオを紹介した。

「番組のなかで『試写でのビデオの反響はどうですか』と聞かれたとき、清水里香さんが『病気の反響ではなくて、生き方とか暮らし方への反響がありました』と答えています。こうすれば病気が治りますよ、とか、分裂病に対するノウハウだとか、そういうレベルではないんです。ビデオでメンバーたちが語っているのは、病気のことを超えて、むしろ人間とはなにか、暮らしとはなにか、信頼関係とはなにか、人との出会いとはなにかなんですね。それって、よく聞いてみると、いまの社会で見落とされてきたことなんです。だから懐かしい響きを感じて、ああそうだったよね、そうなんだよねえと、共感を呼んでいるのだと思うんです」

従来からあった出版部も負けてはいない。十年まえに出した『べてるの家の本』の最新版をあらたにつくったらどうかという話になった。

「出版部の和田さんはずっと引きこもっていて、動きが遅かったんだけど、最初の発想は、べてるの家で生まれた言葉、たとえば『三度の飯よりミーティング』だとか『利益のないところを大切に』といった〝べてる語〟を解説したものを、ということでスタートしたんです。そのうちにメンバーが、自分が抱えている問題を直視し、そのメカニズムを分析・研究すると言って文章を書きはじめた。それを雑誌『精神看護』（医学書院）で連載しはじめたので、それらもふくめ再構成して完成したのが、『べてるの家の「非」援助論』なんです」

出版プロジェクトは医学書院の編集者、白石正明さんのアドバイスを受けながら作業が進められた。二〇〇二年五月に本が発売されると、精神障害者に対する福祉のあり方に関心を示す人たちなどの評判を呼んだ。その後、ウェブサイトで作家の田口ランディさんがとりあげたり、二〇〇三年一月十九日にはＮＨＫ「週刊ブックレビュー」（衛星第二）で紹介されたりして、さらに多くの人の関心を集めている。

「読んだ人は驚くと思うんです。読めば読むほど、早坂潔さん、清水里香さん、下野勉さんなどのメンバーがすごいこと書いたり言ったりしてるなとわかるんですね。清水さんは、自分がマイナスだと思っていた妄想体験が、べてるの家のコンセプトと出会うことで、水に戻した乾物のように、みずみずしいものにどんどん変わっていった驚きを書いています。べてるの家に来るまでは、治りたくて、治りたくて、妄想が消えさえすれば自分はしあわせになれると思っていた、と。まるで高度経済成長期の日本のように、とにかくがんばってやってきたんですね」

「ところが、ほんとうの回復というのは右肩上がりの高いところにあるのではなくて、自分のなかの低いところ、それも自分の真下にあることがわかった。つまり妄想は消えないけれど、あきらめることで自分は楽になれたと書いている。それはたんに、病気の回復論ではない、人間のあり方、生き方を語っているのだと思いますね」

また、二〇〇二年四月には『悩む力』（斉藤道雄著・みすず書房）、十一月には『とても《ベリー》普通の《オーディナリー》人たち《ピープル》』（四宮鉄男著・北海道新聞社）が刊行された。

「精神分裂病を生きる」は、二〇〇二年十二月までに三百五十セット、計三千五百本が売れた。ビデオのなかで、あるいは講演会で当事者たちが語るエピソードは、人びとの関心を呼び、病気への理解を深めた。べてるの家では、統合失調症だと語ることがあってうらやましい、という人も現れた。

「それから話は発展して、こんどは、爆発編、躁鬱編、親が苦労を語る編、といったぐあいに、新しい企画やアイデアがどんどん出てきています」

べてるの家では、統合失調症や躁鬱病を患った人たちは暗く悲惨だというイメージが、過去のものになりつつある。

べてる、大通り商店街の一員に

「べてるの繁栄は地域の繁栄」「地域のためになにができるか」と、つねに地域とともに生きることを目指してきたべてるの家にとって、二〇〇二年十一月、予想外の出来事が起きた。あるメンバーの家族が、わが子の将来のためにと、浦河町のメイン・ストリートである大通り商店街の一角にある三階建ての店舗兼住宅を購入、その運営・管理をべてるの家に委託したのである。一階は以前、書店だったが、不況のため、オーナーが売りに出したのだった。

「商店街のいちばんいい場所でもあるし、店舗の使い方によっては、地域の人たちとの交流の場にもなる。そこでさっそく周辺の店を訪ねて、挨拶にまわったんです。多少の緊張と冷静さが交錯するなかで、基本的にはいっしょに協力しながら、どんな店にして、どのように活用するかを相談しながらやっていくことになって、べてるの家のメンバーと、四丁目大通り商店街の地域のかたがたとの懇談会を開くことになったんです」

べてるの家では、ＦＡＸ通信「ぱぴぷぺぽ」を二週間に一回、発行している。二〇〇二年十二月十三日号は、その懇談会の模様を「誇れる街　浦河」「べてるの歴史的瞬間」というタイトルで伝え、地域の人とべてるの家のメンバー、川村さんらとのやりとりをマンガ仕立てで詳しく紹介している。読んでいくと、なにかほのぼのとした感じに包まれていく。

川村先生（浦河赤十字病院・精神神経科部長）　精神障害者には地域で暮らすための練習をしていない時期が長かった。病気を隠し、無理して暮らし、無理もできなくなって入院して、本人もあきらめてしまい、周りもあきらめていた。二十数年たって、練習をし、話しあいも大事にして、膨大な時間をかけてじょじょに力をつけてきた。地域に迷惑をかけてきた実績を踏まえて患者さん本人も勉強し、地域のかたがたの協力を得て安心して暮らせる街になってきました。

佐々木実さん（社会福祉法人　浦河べてるの家・理事長）　ぼくは浦河を若いころに出ていき、東京で働きましたが、病気になり、戻ってきました。いままで多くの迷惑をかけてきましたけど、きょう、やっと地域の人たちと話し、出会えたことを大切にしたいです。（中略）

小山直さん（マルセイ協同燃料社長、エコ豚《とん》クラブ事務局長）　きょうの話しあいがもてたことは記念すべきことです。現実にべてるの人と働いてきて困ったこともありますが、恩恵を受けることもありました。みんなでなにかできたらいいと思います。

向谷地さん　この一年でべてるに関する本が三冊も出て、札幌や東京の書店ではブックフェアもしています。毎日、何人もの人が見学にきていて、「浦河に住みたい」といっています。リストラなどのこの時代に、お金ではなく、人と人とが向きあって、安心して暮らせる場を、日本中の人びとが求めています。

商店街のAさん　べてるさんもいろいろな報道がされてますが、実態はよくわからない。うちの珍味も、店だけでは動きが少ないのに、べてるに卸せば動くという実感はあります。でも、近くにべてるの人が住むことになっても、その人と、どうかかわっていいかわからない。

自治会のBさん　自治会で話したときも、商店街にできる共同住居に管理人をおいてくれるのかとか、なにかあったらどこに連絡するのかという不安な声がでました。

自治会のCさん　まず、どう接していいのかわからない。会ったとき、どんな言葉をかけたらいいかとか、気を悪くしたらこまるし。それと責任者はだれ？

清水里香さん　えっと、不安なことがあったら、そのたびに率直に言っていただいたほうがうれしいです。責任者とかでなく、窓口として話を聞きます。

川村先生　お互いにどう理解しあうか。人を理解するのはむずかしいことです。慣れればいいんです。ごくごく自然に。

自治会のCさん　具体的なトラブルって、どんなのがありましたか。

川村先生　いちばん多かったトラブルはゴミ出しですね。精神病だからというトラブルはない。ぼくたちは、悪いところをよくしようとしてきたのでなく、いいところをいっぱい見つけて、その人がもっとよくなることを基本にやってきたのです。

自治会のDさん　ここにいる先生やべてるの人は、病気について知っているけど、私たちはまったくなにもわからないのさ。そういうのが積み重なって大きな不安になる。

小山さん　ぼく自身も病気のことはまったくわからない。その人が誰かということが大事になるんじゃないかな。ぼくもはじめは病気のことを勉強したこともあったけどね。病気を知ることよりも、その人自身を知ることのほうが大事ではないかと思います。先日、東京で、ぼくの後ろでずっと独り言を言ってた人がいた。これは恐かった。それはやはりぼくがその人を知らないからだと思いました。高齢化がすすむなか、若い人たちがこんなに来るのは強い戦力ですよ。ゴミ拾いやカン拾いもやってくれますし。

萩野仁さん(小規模通所授産施設・施設長)　ぼくは浦河で生まれて育ちました。昭和四十年代の浦河の町は、古びた木造の建物が立ちならぶ薄汚れた町だった。学生のころ、なんの魅力もない町に感じられ、東京の大学に行った。勉学には自信があって、司法試験を何度も受けたが失敗し、その後、会社勤めもしたけど、人間関係や社会的適応力のなさからうまくゆかず、二度の挫折体験を味わった。どんどん被害妄想がふくらみ、引きこもり、生活できなくて浦河に戻ってきた。そしてべてるに来るようになった。いま、べてるとして町の人となにかいっしょにできればいいと思っています。

商店街のEさん　病気のかたは黙ってるのかなと思ったら、手をあげて発言する人もいて、ビックリしました。どうせ近所に住むのだし、仲よくやっていきたいですね。

清水さん　私には被害妄想があって、すぐ引きこもりをします。だから商店街の人と会っても挨拶をしなかったり、しそびれたりするかもしれません。そんなときはぜひ、遠慮なく言ってください。そして声をかけてください。よろしくお願いします。

商店街の人たち　こちらこそよろしく。よしっ、四丁目大通り商店街を「べてる商店街」にしようか？アハハハ。

べてるの人たち　いえいえ、めっそうもない。アハハハ。

社会参加ではない、社会進出だ

最初はとまどっていた商店街の人たちも、べてるの家のメンバーたちが気楽に語る姿を見て、だんだんうち解け、安心していく雰囲気が伝わってくる。向谷地さんはこの懇談会のあと、まちづくりコーディネーターの清水義晴さんに相談、清水さんの発案で、べてるの家のメンバーと大通り商店街の人たちとのワークショップを開催することになったのである。

二〇〇二年十二月六日。浦河町の自治会館で開かれたワークショップには、障害者の作業所を誘致して商店街の活性化に実績のある札幌市の白石商店街の人たちも参加、浦河大通り商店街の人たちも約二十人が参加して、ざっくばらんな話しあいが行なわれた。

向谷地さんは語る。

「障害者の社会復帰とか社会参加という言葉が使われていますが、私は障害者の社会進出だと思っているんです。女性の社会進出といわれたのと同じ意味で、病気を体験した人たちの社会進出が浦河では着々と進み、それが地域の発展につながり、精神的にも豊かな人間らしい生活ができる場として認知されていく。その人の病気が治っているかとか、どのていどに回復しているかとは無関係に、その人が社会のなかで有用な存在として認められ、貢献していくプロセスといっていいと思うんです。さらに今回も、具体的なあらたな展開が四丁目商店街の人たちといっしょに始まればいいと考えているんですね」

二〇〇二年は、べてるの家の人たちだけでなく、浦河の町の人たちにとっても、あらたな第一歩を踏みだす年になったのである。

降りていく生き方

足し算でなく引き算で生きる

被害妄想に苦しみ、七年間も引きこもっていた清水里香さんが、べてるの家で生活するうちに、自分の弱さを言葉にすることで、妄想はなくならないが、生きやすくなっていく自分を発見していく。メンバーの多くが、大なり小なり、清水さんと似たような体験をすることで、自分なりの仕事を見つけ、当事者性をとり戻していく。

そんな人たちの姿を目の当たりにするにつれ、全国各地にべてるの家のような場があったら、精神障害があるために差別され、疎外されている人たちやその家族が、人間らしく生きる生活をとり戻すことができるのではないかと思った。なぜ、それができないのだろうか。病気をもっているために、なぜ同じ人間でありながら、差別され、ひっそりと隠れるように生活しなければならないのだろうか。

そんな疑問を向谷地さんにぶつけてみた。

「私たちは近代化や合理化を通じて、人間として本来もっている基本的に大切なもののうえに、学歴とか経済力とか便利さとかを、オプションのようにプラスアルファの価値として身につけてきたわけです。回復するということは、人間が人間であるために、そういう背負わされた余計なものをひとつずつとり去って、本来の自分をとり戻していく作業なんです。何をしたらよいか、何をしてあげなければならないかではなく、何をしないほうがよいか、何をやめるか、つまり足し算ではなく引き算が、べてるの家のキーワードです。それが降りていくということでもあり、そうすることによって、人間が本来もっている力を発揮できるようになっていく、という考え方なんです」

つねに目標を掲げ、課題を与えられて、それに到達しようと努力する企業社会の論理。そして課題を達成したときにほめられ評価される学校的な価値観は、社会全体にまで浸透し、家庭や家族は、そうした学校教育の下請け機関になってしまった。降りていく生き方とは逆に、つねに上昇していくのが人間として当たりまえの生き方であるとされ、日本社会は、その価値観によって高度経済成長を達成したといってよい。

そうした生き方や発想について私たちは、なんの疑問ももたず、当然と受けとめてきた。しかし、だからといって、しあわせであり、満足した生活をしているだろうか。一人ひとりの人間は、競争させられ、管理され、歯車の一部になることで人間性を削ぎおとされ、その結果、生きづらさを感じているのが現実ではないだろうか。

「昔は精神医学は、哲学や思想の近接領域にあって、人間とはなにかとか、生きるとはなにか、といったことを問う世界だったはずなんです。ところが、医学や医療技術の発達により、これまで立ち入れなかった部分にも入りこむことが可能となってきました。なかでも人間の脳に対する研究成果が出てきて、脳に着目して、人間を反応体とみる新しい実験的な分野がどんどん発達してきた。人間の思考をふくめてすべてを生物学的に説明できるといったような。だから統合失調症などの病気を、ある種の脳内物質の不足とか不具合なんだととらえて、薬物治療で治癒が可能だという見方が出てくる。そのもっとも先進的な研究が進んだアメリカでは、幻聴そのものも脳の純然たる不具合、脳の機能障害から発生している症状だと考えることが主流になったわけです」

それに対して、脳の機能障害というより、幻聴をひとつの人間の個性、文化としてとらえようとする動きも、ヨーロッパでは出てきている。

「長い歴史的な厚みがあるからでしょうか、単純に幻聴を病状だという決めつけ方をしない。ある村では幻聴のある人は、予言者のように大切にされてきた。ここ十数年の流れのなかで、幻聴と言わないで、『ヒアリング・ボイス(ボイシズ)』=声を聴く・聴声という言い方をする学者もヨーロッパでは出てきました。五万人の人たちを疫学的に調査したら、ヨーロッパのなかで、かなりの率の人が聴声体験をもっていることがわかってきたんです」

苦悩する存在として人とつながる

そうしたふたつの流れのなかで、べてるの家では、薬効を否定はしないものの、どちらかというとヨーロッパ的な発想法、つまり統合失調症を人間のひとつの苦悩ととらえる受けとめ方をしてきたといってよい。

「脳の機能研究などがさかんになるにつれて、いわゆる人間とはなにかという実存的な視点が薄れていった。つまり〝ひとりの苦悩する人間〟という見方で、その苦悩の根底にある現代の世界や社会とはなにかといった、深い切り口で病気をとらえようとする視点が、精神医療や医学のなかから急速に薄れていったのです。だから統合失調症のイメージが、ひじょうに物質的な単純な図式で語られ、その結果、病気が個人的な問題として片づけられているのが現実なんです」

そして、べてるの家がたどり着いたのが、降りていく生き方だという。人間はまた、死に向かって降りていく存在でもあるのだから、と向谷地さんは言う。だからこそ、人間らしさを損なう不必要なものを無理に身につけることをせず、淡々と、ありのままを生きていく、そして悩みを回避するのではなく、悩みを悩みとして受け入れる。

「私たちは、そういう事実をどこかに置き去りにして、ただ向上しよう、なにかをとり入れよう、改善しようという営みをやりつづけている。そういう意味では、深い生き方とはあいいれない、背伸びした社会や人生のイメージをもってしまっているんですね。しかし、人間は病気であれ、なんであれ、苦悩する存在なんだということを、べてるの家ではちゃんと見せ、主張していく。その点では、ささやかながら、精神医療の世界でも役割を果たしていると思います」

向谷地さんは、降りていく生き方を理解するために、具体的な例をあげてくれた。

「きょう、吉井さんと会って話をしてきたんです。『吉井さんがいちばんつらいのは、もしかしたら、いわゆる空虚感じゃないの』と聞いたら、彼は『じつは、それがいちばんつらいんだ』と言うんです。やはり空虚さなんですね。それは、お金がない虚しさとか、家族関係がうまくいかない寂しさとかではなくて、人間として生まれた瞬間から私たち一人ひとりが担わされている、ある種のうつろな思いというか。その実存的な空虚感を問わずして、このテーマは語れないんです」

虚しさや不安も大切な栄養素

吉井浩一さんは二十九歳の青年である。八年間、家に引きこもっては家庭内暴力をくり返していた。二〇〇一年十一月、父親、母親とともに、浦河に引っ越してきた。

私が吉井さんの両親に会ったのは、それから一か月後の十二月五日。地域の人たちのために浦河保健所で開かれた精神保健福祉ボランティア・セミナーの会場で、だった。

ボランティアをするためには当事者の体験に耳を傾ける必要がある。そのために開かれたセミナーの会場には、向谷地さんをはじめ、べてるの家のメンバーも十数人が参加、そこに吉井さん夫妻もいたのである。

メンバーが自分たちの病状を自己紹介するなかで、父親の番がまわってきた。四年まえに定年退職した父親は、家庭内暴力と自傷行為をくり返す息子のことで頭を痛めてきたのだった。

「息子は二十八歳で独身です。八年ほどまえから、抑鬱《よくうつ》神経症という診断で、学校には行っていたんですけど、ほとんど勉強に集中できなくて、中退しました。三年くらいまえから引きこもりが始まって、家庭内暴力で、私なんかはそうとうたたかれ、蹴られ、ガラスもあちこち割れて、壁も穴だらけ。そんなときにべてるの家の存在をテレビで知ったんです」

五月に夫婦ふたりで一週間かけてべてるの家を見学、十月末から十一月にかけては、親子三人でふたたび浦河を訪れた。川村さんから「ここに来ても治らないよ」と言われ（これはべてる流の、当事者性を重視する言いまわしであるのだが）、頭にきた吉井さんは、病院の正面玄関前の植木を蹴っとばしたりした。しかし、最終的には浦河で生活してもよいと決めたので、両親と吉井さんはそれぞれべつのアパートを借りて、生活を始めたのだった。父親は話す。

「それから二回ほど〝爆発〟しました。でも、こちらにいるほうが病気の話ができるし、楽だなあと思います。息子は現在、抑鬱神経症から境界性人格障害という病名になっています。やっていることは〝爆発〟で、原因は親もよくわからないんですけど、がんばりすぎたら〝爆発〟するんです」

本を買うために浦河から高速バスに乗り、三時間半かけて札幌まで三回ほど出かけた。あるときは通信販売で洋書のチェスの本を八十冊あまりも注文し、四十万円の請求書を親に突きつけて支払わすなど、〝自己爆発〟は続いている。女の子にふられて自傷行為にはしって入院したり、アパートに引きこもったりしていたが、二〇〇二年五月のべてるの家の総会では、自己虐待のメカニズムについて説明するなど、回復の道を歩みはじめている。

「吉井さんのようなケースに対して、親子関係が悪いからだ、学校に問題があったんだといったぐあいに、すぐに原因探しをする傾向にありますが、それはひじょうに表面的なことであって、もちろん家族関係の苦労を引きずりながら、奥底には、実存的な不安とか、人間の根本的なテーマに対するある種の恐れとかがある。それは時代の空気のなかにあるんですね」

向谷地さんは、私と話をするまえに吉井さんに会って、こんな語りかけをしたのだという。

「『こころの三要素って知ってるかい？　虚しい、悲しい、寂しいという三つの気持ちは、楽しいとかうれしいとかいう以上に、こころの健康にとってとても大切なものなんだよ。ともすると私たちは、自分のなかからそれを消し去ろうとするけれど、それはとてもだいじな栄養素なんだよ。鉄とかタンパク質とかメジャーな栄養素とちがって、微量栄養素だけれど、それが欠けたらダメなんだ』という話を吉井さんにしたんです。空虚感や不安をなくしてしまおうとしたり、それに打ち勝とうとしたりすると、人間関係もこころのバランスも崩して、究極的には暴れたりすることになるんじゃないか。だから、それもだいじな要素として大切にしていく、捨てようとしない生き方が、あらゆるプログラムの基本だと伝えたんです。彼はすこぶる納得した様子でした」

あなたの苦労こそが時代のテーマ

引きこもったり、暴力をふるって怒りを発散させたりする人たちは、そういう行動をとる自分自身に罪悪感を感じたり、引けめを感じたりして、ますます落ちこんでいく。それに対し向谷地さんは、視点を変えようと訴える。

「ぼくはみんなに言うんだけど、吉井さんがいま直面しているようなことは、けっして吉井さん個人の運の悪さとか、個人の不幸と片づけられるものではなくて、ある時代だとか、そのなかの家族のあり方とか、そういうものをベースにした社会的苦労なんだと。だからといって、社会のせいでも、父さんのせいでもない。そしてもちろん吉井さんのせいでもないけれど、確実に吉井さん自身のテーマなんだよ、と。時代につながったテーマなんですよ」

時代や社会のなかの、そうした若者たちの空虚感や虚しさは、ひと昔まえまでは学生運動などのかたちで昇華されていたのだが、管理が行きとどき、消費・情報化社会となった現在は、そうした道も閉ざされてしまっている。

「かつては青春という言葉に象徴されるように、さまざまな挫折体験をへて、人間は成長し、大人になっていくものだという社会的な合意があった。それが世間にも評価された時代であったような気がします。ところが、青春の甘酸っぱく、苦い味のするエネルギーが、社会の合意のなかから消えてしまい、人生というのは平板な規範のないものに置きかえられてしまった。そのなかで大人になっていかねばならない。だから、そのエネルギーはすごく潜在化して、社会や若者の内圧がすごく高まっているという感じがするんですね」

「でも、それでは問題は解決しない。人間が人間として本来与えられているもの、悩みにしたって、苦労にしたって、人間が本来、担っていかなければならないもの、そういうものを、日本の社会というのはどんどん削ぎおとしてきた。だから、べてるの家のみんなとかかわりあうなかで、いつも確かめあってきました。苦労をとり戻そうやって。いっしょに苦労をしようという、そこには深いメッセージがあるんです」

降りていく生き方。悩みや苦労を回避したり、放りだしたりするのではなく、人間らしく生きるためには、それを担う姿勢が大切なのだと向谷地さんは説くのである。

Ⅱ章

この生きづらさを語る

暴力から言葉へ

引きこもり、破壊、後悔の連鎖

「爆発学」でキレる自分を研究発表

私がはじめて河崎寛さん（二十四歳）に会ったのは、二〇〇一年四月のことだった。

とっくりセーターを着て、春の陽射しを浴びながら、べてるの家のまえにだれかを待っていたのだろう、ひとりでぽつんと立っていた。話しかけると、はにかむように笑った。だが、声がお相撲さんのように喉の奥に詰まった感じで、すんなり聞きとれず、会話を交わすのに時間がかかった。なぜ、そんな発声音になるかは、つきあっていくうちにだんだんわかってきた。

ソーシャルワーカーである向谷地生良さんは彼のことを、こんなふうに語っていた。

「こんど、べてるに新しくやってきた河崎寛くんは、いま問題になっているキレる若者たちと同じテーマを抱えている青年です。家の外では比較的おとなしいけれど、家のなかでは、キレたり、〝爆発〟したり、ということをくり返してきました」

四年まえには、自宅に火をつけ全焼させたこともあったという。だが、目のまえにいる寛さんは、そんなことは想像もできない、ごくごく普通の好青年という印象だった。

あとでわかったことだが、当時、寛さんは精神神経科の開放病棟に入院していた。四か月まえの二〇〇〇年十二月に、浦河赤十字病院に両親に付き添われてきて入院、まえの病院で飲んでいた大量の薬をやめたところ禁断症状に陥り、やっとその苦しみから解放されたばかりだったのである。

昼間は自由に行動できたため、付き添ってきた両親が住む浦河町内の家に行き、朝から夕方までパソコンゲームに没頭していた。ゲームに飽きると、「ゲーム買いに連れてってくれる?」と父親に要求、気に入らないことがあったりすると〝爆発〟して、ものを壊すといった生活をくり返していたのであった。

それから二か月後の六月九日。年にいちど開かれるべてるの家の総会に行って驚いた。

その年から総会の新企画として打ちだした「べてる大学」の講師として寛さんが登場、参加者のまえで「爆発学」の自己研究を発表したのである。

医者やソーシャルワーカーが研究発表するのではなく、措置入院したあと家庭内暴力をくり返してきた当事者が、自分の問題を分析・研究して、大勢の人びとのまえで報告する……この前代未聞の新企画、当事者研究第一号に寛さんが選ばれたのである。

壇上には、メンバーが縫いあわせた即席の黒のガウンに、ボール紙製の四角い黒の帽子をかぶった、学士姿の寛さんが登場した。司会はソーシャルワーカーの向谷地さんである。

向谷地　この研究を始めた意図を、寛くんから。
寛　まず病気になったのが、この研究を始める意図ですね。自分に素直になろう、自分の感情をストレートに表現しようとしたとき、常軌を逸した行動をとっちゃうことがあるんですけど……。

大勢の人びとをまえにして話をするのははじめてとあって、寛さんは緊張している。しかし、向谷地さんのユーモアたっぷりの進行に助けられて、しだいに調子をとり戻し、会場は笑いの渦に包まれていく。

向谷地　常軌を逸した行動をとっちゃうと、あとで後悔するんですね。
寛　後悔したのが、この研究を始めようというきっかけですね。爆発の状態ですが、親を殴る、食事中に茶碗を投げる、ちゃぶ台返しをかます、周囲がいちばん困ることをする。
向谷地　それでは、まとめたのをちょっと読んでもらえますか。
寛　爆発の予兆。親に寿司を買わせる。
向谷地　これはどういうことですか。
寛　なぜ寿司かというと、爆発させる場所を確保して爆発するという意味で、親に寿司を買わせる行動をとるわけです。これといった仕事をしてないぼくが、『寿司食べたい』と言うと、親がいやな顔をするのがわかっているからなんです。親も不満がたまってきますね。それはぼくの爆発にとって好都合なんです。ぼくは親の爆発に向かっていろいろ仕掛けを施して、親がちょっとでもぼくをバカにしたら、最後にこっちがドカーンと大爆発、逆ギレするわけです。

向谷地　寿司食わせろと、ドカーンですか。

寛　親に難癖をつけてるから、親は逃げられない、やくざの世界と同じです。

向谷地　親に文句をつけるつけ方もむずかしいんですよね。テクニックがいるんですね。

寛　引きこもる。爆発と引きこもりは同質のものなんですけども、爆発のまえに引きこもるわけですね。引きこもると、なにもしないからイライラしてきて、それで爆発のエネルギーを蓄える。

ひとつ発言がなされるたび、会場からはドッと笑いがまきおこる。

おれは〝爆発〟に依存していた

向谷地　そろそろ爆発のしどころだなというときに、寿司を頼む、と……。

寛　最後は童心にかえる。親に甘えてわがままを言うんですね。親の愛情がほしいと。そういうわけですね。

向谷地　そういう息子と接していると、家族はどうなるかということも研究しましたね。

寛　家族の特徴。子どもが爆発するので、子どもを爆発物をあつかうように接するわけですね。

向谷地　具体的にはどんな感じですか。

寛　まず親のほうからコンタクトをとってこないんです。遠目に見て、爆発するか爆発しないかって、見てるんですよ。爆発すると、オッと危ないって、身を引くわけですね。

向谷地　つぎの二番目（に書いてある報告）も面白いですね。

寛　食い物が豊かになる。食卓にごちそうが増えるんです。たとえば、寿司食いたいと言うと、爆発物が寿司を食いたいとおっしゃるというんで……。きょうはステーキ食いたいと言うと、爆発物がステーキを食いたいっていうんで、ステーキを買ってくるわけです。

向谷地　そしてしだいに、家族は健康を害していく。

寛　心配とストレスとタバコの吸いすぎで、うちのオヤジは心筋梗塞になりました。

向谷地　つぎは爆発への処方せんですが。

寛　健全な爆発を早めにする。爆発しそうになったなと思ったら、早めに爆発したほうがいいんですね。そうしないと少年院行きになっちゃいますから。

向谷地　健全な爆発というのはどういうことですか。

寛　健全な爆発というのは……。（しばらく考えたあと）自分のこころをできるだけストレートに表すということですね。ためないということなんですよ。それには、それを受けとめてくれる親とか仲間が必要ですね。

向谷地　相手が必要なんですね。

寛　そうですね。爆発しそうになったら、話し相手を見つける。これはぼくにとっては医療であり、べてるの家なんですね。相手を見つけて自分の思いをぶつけましょう。すると爆発もずんずん、ずんずん進歩して、いい爆発になるんですね。

向谷地　あんまり親とだけ向きあっていると、いいことないという経験があるんですね。

寛　そうなんです。ＳＳＴ（生活技能訓練）やＳＡ（統合失調症の経験者などによる自助グループ）を活用して、自分の思いを伝えることを上達させて、爆発というのをマスターしていくんですね。

向谷地　寛くんの研究のなかで、「おれは爆発に依存していた」という言葉がとても大切だと思うんですが、研究の成果をお願いします。

寛　あきらかになった爆発のメカニズム。爆発に依存していた。爆発がないと生きていけなかったんですよ。爆発することで自分を表現して、生きてました。ストレスたまりすぎるとキレちゃうんで、できるだけ早めに（健全な）爆発してほしいと思います。

向谷地　そうすると爆発が楽しみになってくるわけね。

寛　そうですね。快感ですね。

向谷地　寛くんは息が詰まるチックがあったんですね。

寛　ぜんそくみたいなもんですけど、チックに苦しみ抜いたんですけど、看護婦さんとかお医者さんに、できるだけ自分の気持ちをストレートに言葉で表すことをして、その病状は回復してきました。これは一種の爆発の変化というものを如実に表していると思うんですけど。

向谷地　息が詰まってたんですね。それが〝生きづまり〟だったんだということに気がついたんですね。

寛　そうです。自分の悩みを人に話さないと解決しない。自分の悩みを抱えて内にこもっていると、ずんずん、ずんずん増えて、いつか爆発しちゃうんです。これは一種の悪い爆発ですね。悩みを表に出すことで爆発を健全なものにしていこうと、そういう試みなんですね。

向谷地　はい、そういうことできょうの研究発表は終わりにしたいと思います。べてるの家には有能な研究員がおりますので、幻聴さんの研究だとか、被害妄想の研究だとか、つぎつぎに研究班が立ち上がる予定でいますので、ご期待ください。（会場、爆笑）

第一回のべてる大学の研究発表は、爆笑と拍手のなかで終わった。両親が舞台に上がった。寛さんが「これがぼくの尊敬する両親です」と、ユーモアたっぷりに紹介した。

「とにかく手のかかる子どもでした。でもいまは、こんな研究発表までできるようになって、よかったなと思っています」と父親が、また母親も「べてるに来てほんとうによかった。みなさん、ありがとうございます」と言葉少なに、それぞれ挨拶した。会場から大きな拍手がわいた。

当時をふり返りながら、向谷地さんは語る。

「あの総会のときは、河﨑くんの自己研究は始まったばかりで、その後もあいかわらず〝自己爆発〟はくり返されるんですね。しかし、総会でのあの場面のやりとりはひじょうに象徴的で、ここに来るまではいろいろあったと思うけど、浦河では、家族の回復も含めて、こういうかたちであらたな取り組みが始まるんだよ、だから、みんなよろしく、と。それまで家族や本人が歩んできた苦労のプロセスの意味づけを、はっきり変えるんだよという場面だったんです」

寛さんが浦河に来るまでに河崎家が体験してきた苦労が、どんなにたいへんなものだったのかは、両親の話からしだいにあきらかになってくる。

この家があるかぎり自立できないと思いつめて

河崎夫妻が背負った子育ての悩みや苦労は、どんなものだったのだろうか。県立高校の教師だった父親(六十歳)は、苦しかった日々をふり返りながら、説明してくれた。

「寛はほんとうにおとなしい子で、自分というものを出さなかったんですね。小中学校時代はいじめにあったようですが、親にはなにも言わなかった。人のことを悪く言うこともいっさいなかったし、ほんとうに寛容な子で、大人よりも、人の本質を見る目をもっていましたね」

そんな寛さんの変化に親が気づきはじめたのは、彼が全寮制のキリスト教系の私立高校に進学したころからだった。

「いじめもなく、いい高校でしたが、二年のなかごろから閉塞感を覚えだし、寄宿舎から帰ってきたこともあります。三年の夏休みが終わったのに学校に行こうとしなかったり、学校でケンカしたり、ものを壊したりいろいろあって……。最後にはガラスを割ったりする事件を起こして、学校に行かなくなり、巡回してくる大学のカウンセラーの先生に『子どものころに受けたいじめの後遺症ですね。これからもいろいろなことが起きますよ』と言われました。やっとの思いで卒業できたんです」

父親の隣では、母親(五十九歳)が目をつぶって静かに夫の話に耳を傾けている。

「卒業のときは進路も決まってなくて、そのころから、あつかいにくくなってきました。将来、大学へ行きたいと言うし、行けるものなら行ったほうがいいよと、卒業して一か月ほど家にいたあと、予備校を兼ねた学習塾に通うことになったんです」

学習塾では毎週一回、塾長を囲んで、塾生がさまざまなテーマで語りあう。寛さんはその塾長の話に心酔した。自分と同じようにいじめで傷を受けた子どもたちのために、塾で働くことを一生の仕事にしたいと考えるようになった。しかし、家に帰ってくると、ふさぎこむ。いちどは自分の部屋の押し入れに火をつけて、『ぼくは親に依存的だから、この家を壊さなきゃいけない。この家があるかぎり、ぼくは自立できない』と、口走ったこともあった。

父親は、そんな息子にどう対処したらよいのか困惑した。

「よし。そう言うなら、わしらは寛と縁を切ろう。いまあるお金はぜんぶあげるから自分で生活してみなさいと、三百万円を渡したんです。彼は自分でアパートを借りて、二年間、学習塾に通ったんですが、親には傲慢になってくるし、なにかに取りつかれたみたいに、やせて、目つきは鋭くなってくるし……」

下宿生活を始めた一年目はどこの大学にも合格できなかった。翌年の二月はじめ。大学入試が始まったときのことだ。突然、学習塾から「おたくの寛さんはかなり変なので、気をつけてください」と電話がかかってきた。

「話を聞いてみると、大学の試験を受けにいったけれど、受験した直後に、『ぼく(の受験番号)は〇番ですが、行く気がしなくなったので落としてくださいって大学に電話したというんです」

放火全焼事件が起きたのは、翌日の夕方である。自宅を訪ねてきた寛さんは、母親の運転する車で買い物に出かけ、帰宅途中、車のなかで母親に、「学習塾の母親の会に参加して、ほかのお母さんたちの仲間になって、いっしょにやってほしい」と訴えた。母親は語る。

「私は『寛を塾にやるため仕事をしているから、それはできないよ』とことわったんです。でも寛は何回も言うので、仕事で疲れきっていたため腹が立ってきて。川のそばを走っていたので、『お母さん、このまま自動車ごと川に飛びこんでしまいたくなる』って言ったんですよ。それから形相が変わって『家へ帰れ』って。とちゅうで落ち着いてきて、寛が『ぼく、お母さんをいじめたり、困らせたりしたことある？』って折れてきたんですね。だけど私、腹立ってたんで、黙りこくって返事をしなかったんですよ」

家に着いたとたん、寛さんは「お母さんがわかってくれないんだったら、ぼくがどんなに真剣に思っているか、火をつけて、思い知らせてやる」と、家に飛びこんでいった。

放火されてはたいへんだと一一九番しようとしたが、電話がつながらない。母親は向かいの家に助けを求め、電話を借りて、「すみません、息子が家に火をつけますから消防車来てください」と叫ぶのがやっとだった。

「寛はすごい形相で、台所のガスこんろでタオルとティッシュペーパーに火をつけ、それをつぎつぎに自分の部屋や押し入れに投げこんだんです。火がついて燃えはじめました。そしたら寛は私を連れて、『これから警察にいっしょに行くから』と言うので、仕方がないので、ふたりでトコトコ歩きはじめたんです。消防車はなかなか来ないし、隣の家に燃え移ったらたいへんだと思い、『お母さん、帰るわ』って戻ったら、寛の部屋は真っ赤になって燃えてました。そのとき、小さい消防車がカンカン、カンカンって走ってきましてね。情けなかったです。『私の家は燃えていいですから、お隣さんだけには移さないでください』って消防士に頼んで、私もホースを引っぱって燃え移らないように必死でした」

ローンを払い終わったばかりの河崎さんの家は全焼したが、隣家は類焼を免れた。

「ぼくは学校の勤務が終わったあと、図書部の本を買うため同僚と本屋に寄って、帰ってきたら、家のまわりが人だかりで、ほんとうにびっくりしました。警察官が『お父さんですか。すぐ来てください』とパトカーに連れこまれ、事情聞かれましたけどね。その晩、寛は逮捕されて、われわれは深夜二時ごろまで調書を取られ、教会に泊めてもらって、つぎの日、朝早く五時か六時に起きて、寛にジャンパーとか着るものを持っていきました。最悪の日でしたね」

その後、何度も事情聴取されたあと、父親は精神科のある病院に呼ばれた。そこには寛さんがいて、精神科の医師ふたりに「破瓜《はか》型精神分裂病」と診断され、そのまま措置入院となった。

三か月後、寛さんは退院。「学習塾に行く」と言って、アパートでのひとり住まいをしながら、ふたたび塾に通いはじめた。

「ぼくとしてはイヤだったけれど、行かさんわけにいかない状態になりましてね。ところが、退院したのに、病的になって、学習塾のなかで『塾長に会わせてほしい』と大声で訴えたり……。生徒は怖がるし、結局、学習塾が警察を呼んで、ぼくは警察署に寛を引きとりに行って、だましだまし、また病院に連れていって、入院させたんですね」

退院したものの、ちょっとしたことがきっかけで調子を崩し、ふたたび入院と、その後は入退院をくり返すことになる。

「とにかく依存的になって、『掃除にきてくれ』『洗濯しにきてくれないかな』と電話がかかってくるたびに、当時は暗い気持ちになりましたね。寛は強迫観念みたいなのも出てきましてね。『家におったら、見張られている』とか、狙われているようなことを言いだして。『いま、ぼく、どこどこ方面歩いているから、車で迎えにきてくれ』なんて携帯電話があったりして、迎えに行って、そのまま病院に入院させたり、合計六回ぐらい入院しました」

引きこもっては暴れ、自暴自棄に

仕事をしたいと職業安定所に行き、以前にアルバイトをした店を訪ねたりしたが、ことわられて帰ってきたこともある。

「ひどいことを言われたらしく、『ぼく、絶対に働かない』と言って、帰ってきたんです。だんだんと希望もなくなって、居場所が見つからなくて絶望的になり、家にいてパソコンゲームばかり。二階の部屋に引きこもって、食事も部屋に運ばせて、典型的な引きこもり状態になって……。そのころから暴れまわって、ふすまを壊す、壁に穴を開ける、ぼくのだいじにしているパソコンをなぎ倒すといった大暴れが始まり、あと片づけがたいへんでした。壁に穴を開けたのは二回ほどかな」

こんなこともあった。前途に絶望した寛さんが「自分が死ぬか、通りがかりの人を殺して死刑になるんだ」と叫んで、家を飛びだした。

「あのときが最大のピンチでした。さいわいなことに人がいなくてよかったんですね。寛はあとで『お父さん、本気でやるわけないだろう』って言ってましたけど、もう逆上して、目つきも変わってて、ぼくは足が不自由なので、車を運転しながら寛のあとを追いかけ、窓から『やめとけ、やめとけ』とくり返し訴える以外にどうすることもできませんでした。ぼくは『助けてください』と神様に祈りました。いまの寛の状態を見ると、あのときはほんとうに悪い夢を見ていたような気がします。寛も、どんなに苦しんだことか。あれから、よくがんばったなあ、とほめてやりたい気持ちでいっぱいです。神様が助けてくれたんですね」

そのことがあってから父親は、魂を抜かれたようになり、完全に寛さんの言いなりになった。母親は当時の状況をこう語る。

「主人は寛の爆発が怖くて、寛が形相を変えてなにか要求してくると、震えあがって、オロオロしてしまい、すぐに言うことを聞いてしまうんです。なんで、そんなにオロオロしなきゃいけないのというぐらい、オロオロしましたね。それまでは、そうではなかったんですけどね」

その後、しばらくして母親の姉が訪ねてきた。

「北海道の浦河に『べてるの家』という精神障害をもった人たちの共同体があるよ。本も出ている。そこへ行ったらどうだろう」とアドバイスしてくれた。

「ホームページで調べてみたら、すごくよさそうだし、後日、本を読んだり、大阪と名古屋で開かれた講演会にも行きました。最後のチャンスだから、失敗したらもうダメだと、講演会のあとで川村先生や向谷地さんにもお会いして、『無条件で入れてもらえるだろうか』と、必死になって聞いたんです。川村先生から『神様はだれも拒まないでしょ』という言葉を聞いて、それならぼくもコンピューターができるし、ボランティアでお手伝いできるのではないかと言ったら、向谷地さんが『浦河に来たら、おもしろい仕事ができますよ』と言われ、『いらっしゃい』のサインをもらったわけです」

二〇〇〇年十一月に夫婦で浦河を訪れ、べてるの家の下見をした。しかし、父親が最初に話をして、もし寛さんに拒否されたら、一縷《いちる》の望みも水泡に帰すと考えた。父親は入院先の病院の主治医に事情を説明し、主治医から寛さんに「こういうところがあるよ」と、べてるの家の本を渡してもらうように頼んだ。

「その後、主治医に話を聞いたら、寛は『行きたい』と言っていると。それでは気の変わらないうちにと、すぐに飛行機の手配をしました。だけど出発の日が近づくにつれて、ぜんそくの発作がひどくなり、一日たっても、二日たってもおさまらない。結局、出発前日の夜に『これじゃあ、行けないね』とあきらめたんですが、その晩、家で暴れて、茶碗を投げる、ものを壊す、それでまた入院となったんです」

そんな不安な状態に陥っている寛さんのところに、向谷地さんから「寛さんと話がしたい」と電話が入った。

「寛が出て、かなり長いこと話をしてました。寛は向谷地さんから、自分の病気とつきあっていく意思があるかどうかを聞かれ、最後に『きみはセンスがあるよ。やってみるか』と言われ、『やってみたいですね』と答えたというんです。絶望状態にある寛に、やる気を出させてくれたんです」

結局、一週間入院したあと、病院から家には戻らず、そのまま空港に直行、北海道の千歳空港から浦河にたどり着き、浦河赤十字病院の精神神経科に入院したのだった。二〇〇〇年十二月のことである。

「ぼくら夫婦にとって、とくに回復途上にある寛のことを思うと、当時のひどい状況を思い起こし、お話するのはつらくて、苦しいことなんです。でも、あんなにひどい状態だった寛が、浦河に行って、川村先生や向谷地さん、べてるの家のメンバー、そして親切な町の人たちのおかげで、現在のような状態にまで立ち直ることができた。ほんとうに夢のような感じなんです。寛と同じように引きこもりなどで絶望状態になっている親や当事者の人たちがいるとしたら、希望を捨てないでほしい。そのためにぼくたちの体験が少しでも参考になればと、お話したつもりです」

謝りたかったのにうまく伝えられず、爆発

浦河に来て、すぐに寛さんの〝爆発〟がおさまり、生活態度が変わったわけではない。入院していても、日中は自由に動きまわることができる。両親の住む家に朝からやってきて、パソコンゲームに熱中する毎日が続いた。向谷地さんが当時をふり返る。

「入院しながら、ほとんど両親の住む家に入り浸って、パソコンゲームをやっている。パソコンゲームにあきると、『新しいゲームソフトが欲しい』とか『寿司食いたい』と、父親に買わせる。父親が少しでも不満をもらすと、暴れて、父親のパソコンをぶち壊すといったことをくり返していたんです。親は劇的に改善されるはずだと期待したのに、浦河に来ても同じ構造がそのまま維持されている。しかも病院はなにも言わない。がっくりきたんですね」

病棟内の公衆電話で父親と話をしているさいちゅうに、突然キレて、受話器を投げつけて壊したことがあった。向谷地さんは言う。

「話をしていたら突然、電話が切れたから、お父さんが心配してぼくのところに電話をかけてきて、〝爆発〟したことがわかりました。そんなときは、すぐに一対一で彼と話をして、どんな気持ちで、なにを伝えたかったのかをいっしょに確認するんです。『電話で怒鳴って、受話器を壊したのでは気持ちは伝わらないよ』と。なにを伝えたかったのかと聞いたら、『パソコンを壊したことを謝りたかった』と言う。そうか、謝りたかったのか、それじゃあ、応援するから、申し訳ないという気持ちを伝える練習をしてみようと、その場でミニSSTをやりました」

SSTはSocial Skills Training（ソーシャル・スキル・トレーニング）の略で、日本では「生活技能訓練」と呼ばれている。米国カリフォルニア大学ロサンゼルス校のR・P・リバーマン教授によって編みだされた、コミュニケーションをスムーズにするためのトレーニングだ。
人間関係のとり結びに苦労するメンバーたちにとって、ＳＳＴはコミュニケーションの仕方を具体的にロールプレイしながら学ぶことができるので、浦河では好評である。
その日は、すぐに向谷地さんが父親役になって、寛さんと電話の応答の練習を始めた。

向谷地　はい、河崎です。
寛　父さん、こんばんは。
向谷地　あ、寛か。
寛　あのね、パソコン壊して悪かった。後悔してる。謝りたいと思って、向谷地さんに相談したら、気持ちを伝えたほうがいいと言うので。悪かったね。
向谷地　父さん、びっくりしたよ。
寛　じゃあ、まあ、気をつけて。
向谷地　がんばれよ。
寛　はい。

そして練習をくり返したあと、寛さんが直接、父親に電話をして、自分の思いを伝えることができたのである。

この日は向谷地さんと寛さんとの一対一のミニSSTだったが、浦河では、このSSTを毎週水曜日の午後二時から、病院四階の会議室で行なっている。このときは、入院中の患者さんをはじめメンバーが十数人集まり、医師、ソーシャルワーカー、看護師も参加して、いっしょに練習をするのである。

「お金を貸してほしいと頼まれたとき、ことわれるようになりたい」「主治医と退院について話をしたい」「昆布やソバの売り方を練習したい」といった課題が、メンバーから出される。そこで、メンバーのなかから友だちや主治医役になる人が選ばれて、当事者とふたりでロールプレイをする。終わったら「よかった点」「さらによくする点」を、見ていた参加者から出してもらい、さらにくり返すという仕組みである。

SSTでトレーニングした寛さんから電話を受けた父親は、どう受けとめたのだろうか。

「寛が爆発するたびに、向谷地さんや川村先生が寛とカンファレンス（話しあい）をして、自分のテーマを見るようにと話をしてくれる。水曜日のSSTで寛は、『お父さんを蹴ったあとに、電話をしてお父さんに謝る練習をしたい』と言って……。そのあとで、実際に電話をかけてきて、『おやじ、悪かったなあ。このあいだはごめんね』って謝ってきたんですね。ぼくも、『うん、いい関係つづけようね』と答えましたが、ここのすごいところは、ただ病院に収容して、あとは薬を飲ますだけじゃない。爆発しても、またやったのかと責めることはしないんです」

ひと暴れごとに言葉を見つけながら

そんなふうに父親が息子の〝爆発〟を受けとめられるようになったのも、親に対するケアがきめ細かく展開されているからだ。

「こちらに来て、ぼくが寛に蹴られたとき、向谷地さんに相談したら、『お父さん、もうちょっと、大きな視点で見てください』みたいなことを言われました。二回目に、家のなかをかき回され、ガラスをメチャメチャに割られ、パソコンを放り投げられたときには、もうぼくはダメだと思いました。浦河に来てまで殴られたり、パソコンを壊されたりするのはかなわんから、帰ろうと思ったけれど、向谷地さんと川村先生に、『あなたはあなた。お父さんがここにいることと、寛くんのことは切り離して考えましょう』と言われ、ぼくは単純ですから、結局、いることにしたんです。向谷地さんも、『落ちるなら奈落の底までいっしょに落ちましょう』と、ほんとうに捨て身でやってくださってね」

寛さんがガラスをメチャメチャに割ったときは、たまたま川村さんが当直の夜だった。

「寛は割れたガラスで手を切り、血だらけになりましてね。あわてて病院に連れていったら、川村先生がいて、寛と話をしてくれたんです。そしたら、そのあとで寛がぼくのところに来て、『父さん、ぼくが大きな事件を起こさないために、これからも爆発することを認めてほしい』と。いや、それはできないと答えたら、『ものを壊したり、父さんを殴ったりすることを二度としないとは約束できないんだよ。それを約束すると、こころにたまるから、もっと大きなことをやることになると思う。だから、そのために爆発することを認めてほしい』と言うんです。その言葉を聞いて、納得しました。ぼくも割れたガラスを拾う覚悟はしています。もういちど殴られたあと、その痛みに耐える覚悟もしています。一度や二度、三度はあるかもしれない。でも、そのたびによくなっていく感触が得られているので、仕方のないことだと思うようになりました」

向谷地さんや川村さんだけではない。自助グループ、SA（Schizophrenics Anonymous スキゾフレニクス・アノニマスの略）のミーティングでは、べてるの家のメンバーや寛さんと親しい人たちが、『寛さんのいいところを言ってあげてください』と、寛さんのよい面を積極的に評価していく。SAは日本語で言えば、「統合失調症などの経験者による、回復のための自助グループ」である（Ⅲ章にくわしい）。

「だから、ひと暴れごとに、おや、寛はまえより成長したな、自立の度合が深まったなと実感できたんです。こんなに成長したの、うれしい、すごいな、と。そういうことが何回か重なったので、最後に寛が大暴れしたとき、ぼくは希望をもったんです。これは、もっといいことがあるぞって。これは多くの親たちに知ってもらいたいですね。お子さんは暴れることがあるだろうけれど、暴れるたびによくなる道があるんですよ、と。ただ病院に行って、薬を飲まされ、そして出てくるだけでは、入退院をくり返すだけで、最後は落ちるところまで落ちてしまう感じですね」

横に座っていた母親が口を開く。

「暴れたりしたあと、放りっぱなしにしないで、かならずケアをするということ、精神科医とかソーシャルワーカーの人、そして仲間の人たちと話しあって、自分のしたことをとらえなおすことをくり返していくうちに、だんだんよくなっていったということですね」

父親が言う〝最後の大暴れ〟が起きたのは、二〇〇一年九月二十五日のことである。

キレてしまった自分にとことん絶望して

「寛がぼくの家に来てね、ゲームをしておったら突然、怒りだしたんですね。六月の総会で爆発学を発表して少し落ち着いていたんですけど、昆布の袋詰め作業がものたりなかったのか、浦河での生活に目標を見いだせなかったのか。『中学時代の友人を訪ねたいので十二万円欲しい』と言いだし、そんなお金は出せないと言ったら、暴れだして、パソコンをガラス窓めがけて投げつけ、ガラスを割り、テレビを裏戸に放り投げ、本棚を引き倒す。そして台所に行って、タオルをガスレンジにかざして火をつけようとしたんです。ぼくは『お願いだから、それだけはやめてくれ。お金は出すから』と、必死になって引きとめました」

結局、郵便局へ行って十二万円をおろし、寛さんの住む共同住居に届けに行くことに。母親が車からおりて、寛さんの部屋に入った。

「私が寛の部屋に入って十二万円を渡したら、こんどは『お金があっても、友だちがどこにいるかわからない』と怒りだし、十二万円をビリビリと私の目のまえで破り捨てたんです。私はシャシャッと拾い集めてポケットに入れ、急いで部屋を飛びだしたんですけど、あのときの爆発が最後でしたね。ちぎれた紙屑のようなお札を銀行に持っていったら、十一万円はあとで戻ってきましたけど」

当時の心理状態について、寛さんは、二〇〇三年一月末に東京で開催された「精神障害者社会生活支援サービス研修会」で、こんなふうに語っている。

「当時、自分はもう変われない、変わる能力がないと思った。もうおれはダメだからと絶望的になって、火をつけてやるかと思って、タオルに火をつけようとしたんです。そしたら父親と母親にうしろからはがい締めにされて、『それだけはやめてくれえ！』って（父が）泣きながら言った。そのとき、やっとわかった。自分がなにをしたのかね。はじめて父親が傷ついていることがわかった。それで病院に行って、向谷地さんに相談したんです」

こんなときに向谷地さんは、どう対応したのだろうか。

「河崎くん自身にとっても、それはものすごい象徴的なエピソードだったんです。彼はそのことで、とことん絶望したんですね。父親が自分の感情を出したことで、彼はドーンと落ちた。その落ちこみようを見て、見込みがあると思ったんです。彼と話をして、すごく変わったと思いますね。あれが大きなターニング・ポイントになったんです」

当時、寛さんは六月の総会で爆発学を発表したのにひきつづき、向谷地さんとともに爆発学の自己研究をさらに深めていた。

「ぼくは河崎くんと、『自己研究、自分を助ける研究というのはほんとうに本腰を入れてやっていかないと、家族とともに、きみもダメになっていくよね。そんな生やさしい、簡単なテーマじゃないね』と、その切実さをあらためて確認する話しあいをしたんですね。受話器を壊したときのように練習して謝るとか、そんなレベルを超えて、火をつけようとした事実の重大さ——実際に火をつける気はなかったとしても、親にとっては究極の脅迫ですよ。そういう古いやり方をする自分自身に河崎くんが絶望し、なにもできない無力な自分を知る必要があるわけですね。そういうパターンにはまってしまう自分に、あらためて彼自身が絶望しなければならない。それで、きみ自身にとっても深刻なテーマであると同時に、同じようなことで苦しんでいる人たちにとっても深刻な問題だから、これを契機に河崎寛の生きづらさの研究を徹底してやっていく必要がある、それがきみの役割ではないか、と訴えたんですね」

「べつな言い方をすれば、彼との肯定的な関係のなかで、悪いところを見ないで、いいところだけを見るという二者択一のプラス思考ではなく、いいところも悪いところも含めてトータルに、根本的に、本質的に、自分と向きあっていく作業そのものを共有して、受け入れていくという深い営みだったんです」

両親に対するケアも忘れなかった。がっくりきて電話をかけてきた父親に向谷地さんは、こう伝えた。

「お父さん、寛くんは安心からどんどん遠のいているんではなくて、じつは安心に一歩近づいたんですよ。こういうことをとおして、家族がたがいに気持ちを見せあって、新しい出会い方をするチャンスです。寛くんは最近、私からみれば、とってもいいですよ。川村先生も『とてもいい熟し方をしてきた』って言ってますよ」

それから二、三週間後の十月のある日。家を訪ねてきた寛さんが両親に「家でミーティングしよう」と言いだした。

寛さんの母親はふり返る。

「家で親子三人で開く、はじめてのミーティングでした。寛が私たちに向かって、『ぼくは、お父さん、お母さんが、いつもなにを考えているのかわからないんだ。こころのなかで、なにを思っているのか、どんな気持ちなのかを素直に出してほしいんだ』と言ったんですね。なんか寛は向谷地さんみたいな感じでしたが、そんな寛を見て、ああ、大丈夫だ、これでよくなっていくって確信しました」

変化の兆し

ふと空を見た。星がまばらに光っていた

寛さんが一歩一歩、回復への歩みをたどる姿を、私も取材を通じて見てきた。どんなにひどい状態に陥っても、人間はかならず回復する、人間性をとり戻すことが可能だということを、寛さんは私たちに身をもって実証してくれているように思う。

私が寛さんに出会った最初のころは、三か月間にわたる薬の禁断症状から抜けだしたばかりで、どこに身を置いたら落ち着くことができるのか、べてるの家での居場所を探し求めていたように思われた。表情は固く、話す時間も短かった。

二〇〇一年四月に最初に会ったとき、私は寛さんに「ぜひ、話を聞かせてほしい。あした午前十時に相談室で、どう?」ともちかけてみた。「ああ、いいですよ」と、あっさり引き受けてくれたので、翌日、医療相談室に行った。

約束どおり、十時に寛さんは現れ、長机のまえに座った。話を聞きはじめた。ところが、十五分もすると、「もうきょうは、このていどにしてください。疲れました」と、一方的に立ちあがった。そしてつぎの取材の約束をする間もなく、トコトコ歩いて姿を消してしまった。まだなにも聞いていない、世間話をちょっとしただけだったのに。「取材を進めるには苦労しそうだ」という思いを強く抱いた。

私という人間を信頼していいものか、まだ判断がつかなかったのだろうと、当時は考えた。だが、寛さんは薬の禁断症状から立ち直ったばかりで、人とコミュニケーションをとれるほどには、まだ回復していなかったのだ。

一か月に一回は取材で浦河を訪れるようになった。やがて取材時間も三十分から一時間に、長いときは二時間におよぶことにもなった。

寛さんは幼少期からぜんそくの発作をくり返し、それを抑えてきたためか、ノドの奥に詰まったような声で話をするので、なかなか言葉が聞きとれず、何回も何回も私は聞き返すことをした。できるだけ寛さんの思いを正確に伝えなければという職業上の習性であったが、私の〝聞き返し〟は寛さんにとっては、不快なことだったにちがいない。

取材ノートをめくってみると、二〇〇一年十月二十三日には、こんなやりとりをしている。

――これからなにかしようという見通しは。

寛　つかないですね。研究の見通しがないから、スリリングではあるんですけど、ちょっと退屈するんですね。

――なんとかなるよ。

寛　楽天的になるのはいいことですね。

――河崎くんが万札を破ったと聞いたけど。

寛　万札を破った。ちょっとね。やけくそになって破っちゃった。

――爆発してくるの。

寛　コントロールできますよ。わがままに近いんですね。ぼくの場合は、親から自立したいけど、自立するだけの力量がないから、やけくそになったという感じですね。

――いや、そんなことないよ。力はあるよ。

寛　ありますか。障害年金を申請してるんですけどね。

――(お金を受けとれるのを)待ってたらいいじゃない。

寛　待ちきれなかったんですよ。

――暇だったら、日記をつけてみたらどう。

寛　やろうと思えばね。やってみますよ。じゃあ、きょうはこのへんで。

いま、ふり返ってみると、このときは、向谷地さんが「ターニング・ポイントだった」という〝大爆発〟をしてから一か月半しかたっていなかった。万札を破り捨てたことについても、深く立ち入ることを拒むような雰囲気だったので、こんなていどのやりとりしかできなかった。

そのひと月後、十一月二十四日に名古屋で開かれた「名古屋べてる祭り」で、寛さんに会った。ノートに細かい字で書いた日記を持ってきていた。自分の病気のこと、その日の出来事、そして、詩のようなものがひとつ書いてあった。

「11／6　11／7　夜だ。ふと空を見た。チャリに片足のっけて空にのみこまれそうになる。それこそチャリごと。星がまばらに光っていた。××では見られない北海道の自然である。ぼくは星とその間の黒い闇のコントラストにうっとりしていった。おおサブイ…。熊がでるがな。帰ろ」

短いが繊細で、澄んだ魂の世界がにじみ出ているような文章である。だんだん、寛さんとの距離が近づいていくように感じられた。

新たな人間関係をつくりはじめる

やがて寛さんは私に、親との葛藤をぽつり、ぽつり、語りはじめた。要約すると、つぎのようなことになるだろうか。

高校の教師である父親は、小さいころからしつけが厳しく、勉強をしなかったり、言いつけを守らなかったりすると、にらまれ、中学三年のときには殴られたこともある。そんな父親の権威を自分のなかから消したい、父親の権威が家だったから、家を燃やせば、自分の活路が見いだせるのではないかと考えた。当時は自分の世界に引きこもっていたので、外の世界には興味がなかった。それで、家を燃やすことで、こころのなかのものをみんな処分できる気がした。でもいまは、どんなことがあっても火をつけてはいけないと思っている……。

こんな話を寛さんとしたのは、年が明けた二〇〇二年の二月と三月だった。二月のときは、前夜に降った雪で浦河の町はうっすらと白く化粧をしていた。陽のあたらない歩道は、溶けた雪が凍って滑りやすかった。

当時、寛さんは退院して共同住居に住んでいた。九月に〝大爆発〟を起こしてから五か月がたっていた。

「ぼくの部屋に来ませんか」と言うので、四畳半一間の寛さんの部屋に行った。食卓には、食べ残したご飯がこびりついた食器が無造作に置いてある。インスタント・ラーメンを作って食べたのだろう、残りのスープが乾燥してカサカサになった鍋もあった。テレビゲームの操作盤が引っくり返っていたり、ロープに洗濯物が引っかかっていたりして、いかにも若者の独り暮らしの部屋という感じだった。寛さんがやかんでわざわざお湯をわかし、いれてくれたお茶がおいしかった。

一時間ほどやりとりをしたあと、最後に寛さんが、「きょうは深い話ができましたね。横川さんと話をすることで、ぼくも新しい発見ができました」と語ってくれた。

三月のときは、春の温かい陽射しが、深みのある紺色がかった海にそそいでいた。浦河赤十字病院から歩いて二、三分のところにある喫茶店「おはなしや」で、ふたりでコーヒーを飲んだ。

一時間近く話をしただろうか。寛さんがさらに話を続けようとしたとき、「こんにちは」と、ひとりの若い女性が「おはなしや」に入ってきた。べてるの家の長友ゆみさん(二十八歳)だった。「えりものコンサートに行くには、もう出発しなきゃあ」と、寛さんに明るい声をかけてきた。長友さんの顔を見たとたん、寛さんの顔がくしゃくしゃにゆるんだ。「じゃあ、また」と私に言うと、寛さんは話を中断して、そそくさと席を立って、ゆみさんと仲よく連れだって出ていった。私ひとりがとり残された。

私はこのとき、寛さんは親との依存関係を断ちきって、新しい人間関係をつくり始めたのだと、実感した。

ゆみさんは、ミッション・スクールの高校で寮生活をしていたときに発病。二十一歳のときに浦河にやってきた。その後、好きな男性と駆け落ちして、実家に戻って生活したりしたがうまくいかず、ふたたび五年まえに浦河に戻ってきた。

じつは、三月に浦河を訪れたこのとき、寛さんがゆみさんに「おれとつきあってほしい」と申し入れたという話を、べてるの家のメンバーから聞かされていた。

寛さんに取材する前日の火曜日、私はSAミーティングに参加して、ふたりの仲が深まっていることを理解した。というのは、ミーティングで、その一週間に起こったことを報告するとき、ゆみさんが「私は河崎くんとつきあってます」と、みんなのまえで正直に話したのだ。

当の寛さんは、ゆみさんのまえに座っていた。まさか、そんなプライベートなことまで話すとは予期していなかったのだろう。ゆみさんの発言にびっくりして、「エーッ、そんなことまで言うのかよ」

と、照れた。いっぽう、参加したべてるの家のメンバーは、雰囲気からすでにふたりの関係を察知していた。だからミーティングは、なにごともなかったかのように、つぎに進んでいった。

当事者性を重視するべてるの家では、「ふたりがよければいいじゃないの。そのかわり、なにが起こっても、ふたりの責任」という暗黙の合意が成立している。それに、障害があるために、人とつきあうこと、人間関係をとり結ぶことが苦手な人たちにとって、どんなかたちにせよ、つながりあうことは、人間らしく生きる、そしてたがいに成長していくために必要なことだと受けとめている。だから周囲は温かく見守ることができるのだ。

ＳＡミーティングのあとで、私はゆみさんに「普通だったら隠しておきたいことを、なんでミーティングの場で話したの」と聞いてみた。長友ゆみさんの答えは、はっきりしていた。

「あの場であんなこと言ったのは、べてるの家で生活していて、自分の体験から学んだ生活の知恵なの。隠していると、泥沼にはまりこんでいく感じになって、いいことないの」

父さん、母さんと離れたほうがうまくいく

それから一か月後の四月。浦河を訪れた私は、四か月ぶりに実家から浦河に戻ってきた寛さんの両親に会うことができた。というのは前年の十二月に、父親の継父、つまり寛さんの祖父が脳梗塞を起こし、病状が悪化して入院したため、看病のために両親は実家に戻っていたのだった。

継父はまもなく亡くなり、納骨を三月に済ませた。父親は休職あつかいにしていた高校に正式に退

職届けを提出、夫妻は公務員住宅から民間の借家に転居したという。生活も落ち着いたので、秋まで浦河で生活するつもりでふたたびやってきたのだった。

両親が浦河で住んでいる家を訪ね、話をしていたら、父親の携帯電話が鳴った。

父親が母親に伝える。

「寛からだけど、ゆみちゃんといっしょにいるけれど、夜六時からのミーティングに出たいので、車で送ってほしいと……。まもなくふたりはここに来るよ」。

四か月間の留守中に、寛さんがゆみさんとつきあっているということは、すでに両親の耳にも入っていた。

「寛は共同住居に住んでいるけど、ゆみちゃんの部屋で寝泊まりする日もある。男と女のことだからケンカもするでしょう。そうすると寛はこころが千々に乱れたりしてどうなるか……。でも、ゆみちゃんは年も上だし、賢い子やから。寛のほうが子どもみたいで。おかげで去年のように寛が暴れたり、爆発したりすることはないですね。ありがたいことです。よくもまあ、ここまで……。トンネルの出口が見えてきたという感じで……」

そんな父親の話を聞いて、前日、ゆみさんに会ったとき、彼女が私に語った言葉が気になった。ゆみさんは私にこうもらしていた。

「河﨑くんは、お父さん、お母さんが浦河にやってきたとたん、お父さんの家に行って、パソコンゲームに熱中してしまうの。きのうも夜遅くまでゲームをやってたかな。まえに私がいっしょに生活した男はパチンコ依存症で、いつも私は車のなかで、パチンコ終わるのをひとりで寂しく待ってた。こんどはパソコン……。私って、いつも待っている役なのかな……」

　つまり、両親がいないとゆみさんと寛さんの関係はうまくいっているのに、両親が戻ってきたとたん、寛さんの生活態度が不思議なことにもとに戻ってしまう。親が近くにいないほうが、寛さんの自立のためにいいのではないかと思った。両親に、私の思いを伝えようかどうか迷った。

　それから二日後。両親に浦河大通り商店街でばったり出会った。近くのホテルのレストランで話をすることになった。父親が言う。

「きのうも、寛は夕食を済ませて、ゆみちゃんを連れてきて、私のパソコンでゲームばかりやっていた。ゆみちゃんが『帰りたい。どうする?』って言うと、『ぼく、(夜中の)三時までここで(ゲームを)やってる』と。それでゆみちゃんを送って、そのあと黙って見とったら、一時間半ほどたって『やっぱり、ゆみちゃんに悪いから』って、寛が『帰る』と言いだした。よかったな、と。このままゆみちゃんを放って午前三時までやってたら、午後はゲームをしないという約束だから、約束違反やなと思ったけど、十時半になったら帰ると言いだしたから、よかったなと思って送っていったんです」

　ところが、寛さんを車に乗せて、ゆみさんのアパートに向かうとちゅう、車のなかで予想もしない展開になったというのである。

「『父さん、母さんがおらんほうが、ぼくとゆみちゃんはうまくいくような気がする』と、寛が言いだしたんです。『なにがなんでもどこかへ行ってしまえばいい、というわけではないけど』と。でも、

『どこかへ行ってほしいのかい』と聞いたら、『そうだ』と。ぼくもびっくりしましてね。ほんとうは、そうなることを望んでいるんです。望んできたんです。でもいざ、そう言われると……。また引っ越しかと、がっくりきたんですけど、ずっとぼくらがおって、あの二人の仲を壊したりすると、結局、ぼくらの責任ですからね。ぼくらがいないときにかぎって、うまくいってますからね。寛自身の自立を遅らせるので、もういいときかなと思って、家内とゆうべ話をして、すぐに引き揚げることを決心しました」

子どもが親元を巣立って自立していく。そのつらさと喜びの入りまじった複雑な心境を、父親は語ってくれた。母親が口を開いた。

「家に来て、時間をきちんと決めてゲームをしているんならいいけど、ゆみちゃんを放りっぱなしにしてね。夜九時過ぎになって、ゆみちゃん、ひょこっとひとりで座って考えてるんですよね。帰りたいだろうなと思って。寛はそういうところまで気が回らないでしょ。だからやっぱり、いかんなと思ったんですよ。私は、ここは静かでいい町だし、都会には住みたくないけど、やっぱり、寛とゆみちゃんのことを考えたら。(昔は)お父さんがコンピューターのことばかしやっとるでしょ。すごく私、寂しかったんですよね。いつも家にいてもコンピューターして、私はひとりぽっちでしょ。だから、ゆみちゃんの心境も同じだろうなと思って……。寛もここに来ると、私に甘えてくるのが感じられるんですね。だから寛から『離れてほしい』と言うんであったら、私自身がしっかりと自分ひとりでも、寛に依存しないで生きていかなきゃいかんと思って……」

べてるの家で生活を始めて一年あまり。寛さんは両親から離れて、自分の羽で飛びたとうと決意したのである。また母親も、寛さんとゆみさんとの関係に、自分自身の寂しかったときの姿を重ねあわせることで、自分も息子に依存していてはダメだという思いを強くした。

べてるの家では、さまざまな人とかかわることで、一人ひとりが新しい人間関係を広げていく。私は、河崎家の人びとが人間として成長していく瞬間に立ち会っている厳粛な思いがしたのだった。

経験を語るということ

「爆発救援隊」結成、その隊長になる

向谷地さんは、寛さんがキレて〝爆発〟し、落ちこみ、引きこもり、そしてふたたび〝爆発〟するというのは、ひとつの連鎖であり、家庭内暴力（ドメスティック・バイオレンス＝DV）と同じメカニズムだと見る。

「キレるというのが一種の武器になっていく。キレるというのがなにかわからなくてキレるのではなくて、キレることによって効果があると、からだが知っているんです。だから、キレることに依存するわけです」

精神障害からくる〝爆発〟も、このサイクルのくり返しである。だから当事者が、暴力という爆発に依存するというメカニズムを理解し、自覚し、悪性の爆発ではなく、良性の爆発に切りかえていくことが必要だ。そのために当事者同士が力を出しあい、支援しあうのに伴走しながら、必要なときにア

ドバイスしたりして、見守っていくのがソーシャルワーカーの役割だと、向谷地さんは受けとめている。

そのために向谷地さんは、ありとあらゆる機会を利用する。寛さんの場合は、タイミングよく、自分の役割を発揮する絶好の機会がやってきたのである。たまたま寛さんが〝大爆発〟を起こした前後に、同じような〝爆発〟をくり返す三十代のAさんというメンバーが現れたのだ。

「Aくんは怒鳴り声がすごいんですね。つきあいはじめた女性に対しても怒鳴り、暴力をふるう。すさまじいものですよ。彼女が作業している場所に突然現れて、早坂潔さんを見つけると、『てめえ、この野郎』とやる。潔さんはなにがなんだかわからなくて、ポカンとするわけです。というのも、いまつきあっている女性はフランクな人だから、作業しながらうれしいことがあったらメンバーと抱きあったり、握手したりするんですね。もう何年もまえのそうした光景が幻聴としてAくんの頭に入ってきて、『なんで手をつないだんだ』とか『なれなれしくしやがって』とやるわけです。そういうことが続いたので、河崎くんにたびたび登場してもらうことになったんです」

Aさんが暴れるたびに、向谷地さんは「たいへんな爆発を経験した河崎くんに相談してみようや」と言って、寛さんのところにAさんを連れていく。場合によっては、「爆発研究所」のメンバー（爆発をテーマにした当事者の研究会）も含めた話しあいに発展する。

「いっしょに解決策を考えようよ、と。壮絶な〝爆発〟をくり返している山本賀代さんや下野勉さん（Ⅲ章に登場）にも来てもらったりしてね。Aくん自身も、そんな爆発はしたくないわけです。どうやって回避するか。まず取り組んだことは、Aくんが爆発する姿を見て、『怖い』『あんなやつ二度と来るな』と言う人がいると伝え、そういう人たちに対してどうするか、さっそくSSTをして謝る練習をしたんです。『幻聴さんがこう言ってきて、爆発が止まらないんですよ』と、説明する練習をしたわけです」

そんな場面での寛さんの役割は、爆発のメカニズムをAさんにわかりやすく説きあかすことだ。

「河崎くんが説明すると、Aくんが『いや、早坂潔さんが彼女とデレデレするから腹立つんだ。潔さんが悪い』と言う。すると河崎くんは、『だれかが悪いから爆発するんじゃなくて、じつはAくんのなかに、爆発したいさまざまな欲求があるんじゃないの。潔さんはきっかけにすぎないんだ』と言う。そして『自分の場合は、寿司食わせろと親父に言うことがきっかけで爆発につながり、それは小さいころのいじめられた経験だとか親との葛藤だとか、過去に傷ついたことなどが、こころのごみ箱にため込んであって、それに火がついて爆発につながっていくんだ』と言って、『じゃあ、Aくんはどんな体験があるの』と聞く。すると差別体験とかいじめられ体験をAくんが話すわけですね。そんなかたちで自分の気持ちを出しあったり、共感しあったりしていったんですね」

自分の妄想か現実かを仲間と確認しあう

こうして二〇〇二年秋にあらたに発足した「爆発救援隊」は、毎週一回、木曜日午後一時から一時間半ほどのカンファレンスを続けることになった。

メンバーは五、六人、オブザーバーを入れると十数人が集まる。すでに開いたカンファレンスの回数は二十回近くになる。

「河崎くんは、爆発救援隊長として爆発のメカニズムを説明しつづけるなかで、統合失調症の人たちがもっている認知の障害やメカニズムを自分のものにしていく。それだけでなく、自分自身にも自信と誇りをもつようになり、責任感が出てきたんですね」

私は恥ずかしいことに、「認知の障害」という言葉を聞いても、なにを意味するのかわからなかった。いったい、どういうことなのだろう。

「そもそもSSTというのは認知行動療法なんです。認知というのは物事を見分け、判断するという意味で、統合失調症の人たちは認知障害をもっているわけです。たとえばAくんは、『早坂潔さんが彼女と手をつないだ』という幻聴を聞くと、それを信じてしまう。幻聴か事実かを認知する、見分けることができないんです。記憶にも障害が出てきて、外から情報が入る入り口、受けた情報を判断・処理する中枢部分、そして処理した結果を表現し発信する出口にも障害が起きる。言葉でなく暴力で返すというのは、出口の障害ですよね。つまり、それらの障害が、その人の人間関係や具体的な生活にいろいろ支障をきたしていく、それらがトータルとして、その人の生きづらさというものになるわけです」

統合失調症をもった人が、まずその基本を理解する、つまり自分自身がどこに障害をもっているかを知ることが、第一歩になる。寛さんは、二〇〇二年の十月ごろから、その認知のメカニズムに深い関心を示すようになった。

「統合失調症はそういう認知障害から起きる病気で、けっして個人的な性格だとか、欠陥だとか、だらしなさとかで起きる病気ではないんです。つまり病状やメカニズムを知り、その認知障害に対して、自分がどう対処するかという力を獲得するのが大切なんです」

べてるの家にやってきた幻聴が聞こえる人たちは、最近、幻聴か現実かを見極めるために、聞こえる声をメモして、たがいにチェックすることを始めている。

「それはけっして個人的な作業としては成り立たないものです。一見、その人自身が学んだり、個人的に学習して気がついていくように見えるけれど、じつはそうじゃなくて、共同の作業なんです。安心していられる人間関係、基盤がなければ、学習というのは起きない。温かい人間関係、信頼関係のなかにあるからこそ、幻聴を聴いている当事者が、これは自分の思い過ごしだ、病気の症状だというのがわかるんです。ところが、ひじょうにストレスに満ちた劣悪な人間関係のなかでは、それが妄想なのか、実際の声なのか見分けにくいんですね。こんな話を河崎くんにしたら、ひじょうに興味と関心を示し、自分なりに考え、認知障害から起きる爆発のメカニズムについて、独自の図式化に取り組んだんです。それを『河崎理論』と名づけたんですね」

寛さんは、各地の講演会に出かけて話をする場合には、ホワイトボードに爆発のメカニズムを「河崎理論」として図式化し、わかりやすく説明する。ボードを使うのにはわけがあるのだ。

「病気の症状が出ているときに一対一で話をしても、あまり効果がないといわれているんです。幻聴が聞こえている人に『ああしよう、こうしよう』と言っても、幻聴にとらわれていると、私が話をしたことの半分も頭に残っているかどうか、ということがありますから。だから、それを防ぐために、図に書いてコミュニケーションをとる。『図に書くとこうだよね』って。そして書いたものをコピーして渡すんです。図に書く作業はだいじで、視覚からの情報が入りやすい。それはさまざまな障害をもった人たちの研究が進んで、なにがもっとも学習効果が高いかという科学的な研究成果でもありますが」

なんと、その認知障害から起こる爆発のメカニズムについて、寛さんは精神科医たちをまえに説明することになったのである。

爆発のメカニズムを精神科医にレクチャー

二〇〇二年十一月三十日の土曜日。札幌市のパークホテルで、札幌市周辺の精神科医や病院の専門スタッフ約四十人が集まって、定例の勉強会が開かれた。川村さんや向谷地さんはじめ、べてるの家のメンバー五人も招かれ、寛さんはその精神科医たちをまえに、認知障害から起こる爆発のメカニズムについて、自己研究を発表したのである。

ホワイトボードに、寛さんが考案したという「爆発」―「後悔・反省」―「ひきこもり・ため込み」―「病的症状（被害妄想・幻覚・思い込み）」―「爆発」という連鎖の円を図式化したものを書いた。そして、「病的症状」と「爆発」の中間から線を引いて「心のごみ箱」と書いた部分をつなげ、ごみ箱のなかに「親との葛藤」「過去に傷ついたこと」「偏見・差別」という文字を入れた。

「ぼくがいままでの研究でわかってきたことは、語るというスキルがなかったから、いじめとか偏見とか依存関係とか、ネガティブな習慣をこころのごみ箱にずっとためこんでいて、それがエネルギーとなって、なにかの認知障害によって爆発に作用していたんだということです。そして爆発すると、自分も傷ついて、後悔して反省するんですけど、引きこもったら対人関係がなくなるから、薬を飲まなくなったりして妄想とかの病状が出てきます。ぼくの病状は、光に当たるとからだがこわばってきて、極度の緊張状態になっちゃうんです。ひじょうに苦しいんですね。その病状が出てくると爆発に向かうんです。というのも、このまま一生涯、この苦しい状態が続くのかと考えたら、つらくなるんです。だからつらさから逃れるために、リセット作用が働いてふたたび爆発する。リセット作用で、すべてをチャラにする。これがぼくの考えた爆発のメカニズムなんですね」

リセットという言葉は、テレビゲームで最初からやり直す場合、リセットボタンを押すと、それまでの蓄積や結果がゼロになり、振りだしに戻るところから、若者たちのあいだに広まった言葉だ。

寛さんは、さらに「爆発」から「後悔・反省」、そして「ひきこもり・ため込み」という連鎖のなかで、認知障害がどのようなかたちで起きるのかを説きあかしていった。

この認知障害がなぜ起きるかという説明は、じつにおもしろい。その「河崎理論」は、一か月後の十二月十九日、こんどは東京・池袋のジュンク堂書店で開かれたべてるの家のトークショーでも、満員の六十人の聴衆をまえに披露された。寛さんはボードを要求して、同じような図を書いて説明した。

「たとえばぼくが、仲間といっしょにいたいという気持ちが起きて、仲間のところに行こうとすると、いつのまにか、頭のなかに、『行っても楽しくないよ』『ゲームやったほうがいいよ』という〝気持ちの声〟が出てくる。べてるの家では、この〝気持ちの声〟を〝お客さん〟と呼び、ぼくはヤッコ丸とかジャジャ丸と名づけてるんですが、ぼくが進みたい方向に行くのを邪魔し、いつのまにか孤独なゲームにはまってしまう。だから認知障害を起こす〝気持ちの声〟が現れたときに、それを振り払って、仲間のほうに行くためにはどうするか。心臓バイパス手術のように、〝語る〟というバイパスをつくればいい。毎週一回、爆発救援隊が集まって話しあい、語る練習を仲間としているんです。そして認知の仕方で、悪い爆発ではなく、よい爆発へと転換できることがわかってきました。よい爆発というのは、いま、こうやって話をしているのも〝講演爆発〟であり、友だちと話をするのも〝会話爆発〟と、爆発の質を変える方法を模索しているわけです」

ボードのまえに立って説明している寛さんは最初に、自分がどうしてべてるの家にやってきたかを手短に説明した。四年まえに家に放火し、精神病院に入退院をくり返し、引きこもっては爆発していたと。それだけに彼の説明には重みがあり、説得力があった。集まった人たちも大きくうなずいているのがわかった。おそらく、札幌の勉強会に参加した精神科医たちも同じだっただろう。

治療の手前にもっとだいじなことがある

寛さんの札幌での発表を目の当たりにした川村さんは、こう感想を語っている。

「河﨑くんが大きなホワイトボードのまえで、自分の考えた爆発のメカニズムの図を書いて解説するわけです。患者さんが医者に、自分の病気のメカニズムを解説していくというのは、日本の精神科の世界では考えられないことですよ。措置入院までして、最悪の経験をしてきた人間が、爆発のメカニズムを分析し、解説する。そのなかで、医者がこの段階で治療が必要だと感じる場面があります。ところが、彼は『ここじゃだめだ、そのまえの段階がだいじなんです』と言って、認知療法の大切さを説いた。仕込みをして、爆発のエネルギーをためていく、その段階で言語化したり、仲間との交流を大切にすると、爆発を回避できたり、よい爆発に変えたりすることができるというんですからね。医者が行なう治療というのは、爆発した結果に対してであって、そこで入院だ、薬だとやるわけですよ。河崎くんは、爆発しないように患者サイドの積極的な取り組みを示したわけですから、精神科医にとっては衝撃的だったんですね」

「参加した医者は、べてるの家のメンバーを見ながら、自分の患者さんのことを思い浮かべていたと思うんです。これをするのに、どれだけの段階、プロセスが必要なのかと考えたら、おそらく目まいがしたと思いますね。私が親しくしている札幌の精神科医は、『いや、すごい』と。アルコール依存症の治療をしている先生たちは、十年以上もまえにはじめて、依存症の自助グループの人たちのＡＡ（アルコホリックス・アノニマス）セミナーを体験したとき、患者さんたちが主体となって回復過程に取り組む力のすごさに圧倒されたんですが、今回の発表は、そのときに感じたのと似ている、いやそれ以上だと言ってましたね」

川村さんによると、べてるのメンバーの回復は、年々、早くなってきているという。先輩たちがものおじしないで講演会で話をし、〝爆発〟しながらも少しずつ回復していく姿を見て、学んでいくのである。

寛さんの場合も、爆発研究所や爆発救援隊のミーティングで、つねにいっしょに研究をともにしてきた先輩たちに励まされ、学んできたのだった。なかでも「爆発救援隊」顧問の下野勉さん（三十三歳）と山本賀代さん（二十七歳）のふたりが、一年にわたってくり広げてきた壮絶な〝爆発〟に学ぶところは大きかったといってよい。

べてるの家はじまって以来といわれる壮絶な〝爆発〟とはどんなものか、そしてふたりは、その〝爆発〟からどうやって生還できたのだろうか。

Ⅲ章

愛の暴風雨をくぐりぬけろ

依存と愛情と自立と

壮絶バトルの恋愛生活

あたしの　どこがいけないの
あのこの　どこが変でしょう

目に見えるもの　少し違うかもしれない
聞こえてくること　少し違うときもある

だけど　それだけで　見下さないで　見捨てないで

私だって笑ってる　私だって怒ってる

なま傷の絶えないカップル

私たちも愛し合う　私たちも語り合える
痛みもある　喜びも　苦しみも　あなたと同じに　感じているはず

人間なんだ　あなたと同じ
人間なんだ　私もあなたも
人間なんだ　病気とかでも
人間なんだ　あなたも私も

同じ権利をください　裁かれる権利もください
同じ力をください　同じ立場をください
人と人として

山本賀代さん（二十七歳）は、自作の詩を下野勉さん（三十三歳）のギターにあわせて歌う。メロディは下野さんが作曲してくれた。こころの奥底から絞りだす哀愁を帯びた響きが会場に広がっていく。聴衆のなかには、賀代さんの歌に胸を打たれ、涙をにじませる人もいる。

ふたりがコンビを組んで歌うようになったのは、二〇〇〇年六月のべてるの家の総会からだ。あれから二年半。各地で開催されるべてるの家の講演会に、ふたりの歌はなくてはならないものになった。

病気を歌った十五曲をおさめた歌詞集は、感動した人たちが買っていく。二〇〇三年五月の総会には、ふたりの歌を収録したCDを発売しようという計画も進んでいる。

笑顔を浮かべ、呼吸をあわせながら明るく歌うふたりの姿は、病気を抱えているとは微塵も感じさせない。どんなにしあわせなカップルだろうと、うらやむ人も少なくない。だが、そのころからふたりは、想像も絶するような激しいバトルを毎日のようにくり返してきたのである。

下野さんは、統合失調症で浦河赤十字病院に転院してきて九年たつ。賀代さんは人格障害という診断名を以前にもらったが、浦河に来て川村さんから「人格障害なんて病名イヤでしょ。依存系の自分のコントロール障害にしよう。かなり重症だね」と言われて三年が過ぎた。

人間関係をとり結ぶことがもっとも苦手な者同士のふたりが、同じ屋根の下で生活を始めると、どんなことになるのか。どんな激しいケンカがくり広げられているのだろうか。

それぞれ当事者に語ってもらうことにする。まず下野さんから。

「あれだけ問題を起こしても、二年まえにくらべれば、彼女はだいぶよくなったんですよ。二年まえは、夜は眠れない。怖い。どうしたらいい、という感じで。結局、夜、酒を飲んで、包丁を振りまわす。泣いて、そのへんにゴロゴロ当たって、裸で外に飛びだす。ガーンと倒れて、そのまま寝てしまったり……。そういう醜態を、いまは人まえで見せないというところまで、よくなったんですよ」

二年まえにつきあいはじめた当初から、賀代さんはアルコールに依存していた。それがだんだんエスカレートしてきたというのだ。

「ビールやウイスキーを飲んで、『死ぬ』とか言って、精神安定剤を一気に飲んだり、酔っぱらって倒れるから、からだが傷だらけとか、トイレで寝ているとか、そういう状態なんです。彼女が酔っぱらってからんでくると、おれは夜も眠れない、仕事に行けない。だから腹が立つ。そんな態度を見せると彼女は向かってくる。あっちはちょっと軽くおれをたたいて文句を言う。おれは思いきりガーンとやるんですよ。そうすると向こうは包丁を持ってくる。包丁持ってきたらお手あげですよね。刃をへし折ってやろうと思うんです。だけど……。最高にやったのがクビ締めで、それで警察呼ばれて、ほんとうはこっちが呼びたいくらいだったけど……」

そんな状態が切れ目なく、日常茶飯事となってくり返される。ケンカしてふたりが助けを求めてくるたび真剣に対応していたメンバーたちも、やがて対処の仕方を学んでいく。下手に介入すると、自分たちが振りまわされるだけになる。だから「また始まった」というていどに受けとめて、そっと見守るのがいちばんだと気づきはじめる。

ただし、エスカレートしてどちらかの身に危険が迫りそうなときは、メンバーの家が避難場所になる。話し好きで親分肌の小川和加子さんの部屋は、賀代さんにとって、話を聞いてもらい、泊まらせてもらう居場所になっていく。

「小川さんの家で彼女はだんだん話せるようになってきて、『賀代ちゃんも幻聴聞こえるんだ』という話になったんですよ。結局、なんでアルコール飲むのかっていうと、幻聴が聞こえそうになるから、アルコールで消そうとする。ところが、飲んだら暴れることになる。その悪循環なんです」

ふたりのぶつかりあいの場面に私も出くわしたことがある。二〇〇二年二月のことだ。浦河赤十字病院の二階にある医療相談室のソファーに座っていたら、下野さんが真っ青な顔をして入ってきた。目がつり上がり、血走っている。午後六時半ころだった。

一触即発で臨戦態勢に入るふたり

「もう、やってられないよ。頭にきた」と下野さんは口走る。

話を聞いてみると、浦河赤十字病院の隣にある生協のスーパーマーケットで買い物をすませ、出ようとしたら、賀代さんが、「なんでこんな高いの買うの。食べられないわ」と、いきなり品物を買い物袋から取りだして投げ捨てたというのだ。頭にきたが、下野さんは、とっくみあいのケンカになってはまずいと、医療相談室に避難してきたというのだった。

そこへ賀代さんも現れた。賀代さんは「下野さんが自分の気持ちを理解してくれない」と、緊張した面もちで訴えはじめる。

買い物に行くまえまで参加していたSAミーティングが終わったとき、メンバーのやりとりについて下野さんが「あれはおもしろかった」と、賀代さんに相槌を求めた。ところが、賀代さんは自分の兄のことが気になっていて、「それどころじゃないの」と答えたのが、ケンカの発端だという。

ふたりはたがいににらみあい、険悪な雰囲気が漂いはじめる。私にとっては、そんな場面に立ち会うのははじめてだけに、どうしていいのかわからず、思わずそわそわしてしまう。

そこへ、近くにいたソーシャルワーカーの伊藤恵理子さんが近寄ってきた。「それじゃあ、今夜は、小川さんのところに行くかい。そのほうがいいみたい」と、手慣れた調子で賀代さんに勧める。「猫がいるからほかへ行けない」「いつも私が損な立場になる」「下野さんがどっかに行けばいいでしょ」などと賀代さんはぼやいていたが、再三すすめられて、小川さんに携帯電話をかけた。だが、小川さんは留守のため応答がない。

結局、小川さんが帰宅するまで、下野さんと賀代さんは自宅で待つことになり、私も病院の近くにある彼らの家へ行くことにした。

玄関の戸を開けたら、「ニャー」と、子猫が出迎えてくれた。捨て猫を賀代さんが拾って育てているのだが、どういうわけか、てんかんの病気もちで、ときどき発作を起こして倒れるのだという。名前は「キキ」。やせている。かわいい目をキョロキョロさせている。

「キキは『魔女の宅急便』（アニメ映画）に出てくる女の子の名前なんです。そこに出てくる猫が『ジジ』という名で、気持ちを通じあうことができる猫なので、いいなと思って、その猫の名前をつけたつもりだったのが、まちがえてキキにしてしまったんです。でもふたりのあいだがいつも危機状態なので、キキでいいかと。ケンカして頭にきた下野さんがキキを壁に投げつけたので、もう下野さんには近寄らないかと思ったら、忘れたみたいだけど……」

賀代さんはそう言いながら、お湯をわかし、インスタント・コーヒーを入れてくれる。雑談をしているうちにふたりの表情も少し和らいできたようなので、一時間ほどで退散したが、ちょっとしたことで一触即発状態に変わるふたりの関係を垣間見た感じだった。

賀代さんに言わせると、前年の夏ごろから、ふたりは最悪の状態に陥ったという。

「どうしたいの」と聞かれて答えられない自分がいた

賀代さんの説明に耳を傾けてみよう。

「その年の五月の総会が終わってから、しょっちゅうケンカになって、暴力沙汰になって……。私の背中に傷があるんです。酔っぱらったかなんかで、歩けなくなって、物干しかなんかでグワッと切ったみたいなんです。けがは足の裏にも。コップを割ったガラスで何回切ったかわからない。目覚ましも壊れてなくなったし、ケンカになると、おたがいに相手のだいじなものを狙うんです。私のコンピューターがあるんですけど、『壊してやる!』って、ガーンと下野さんが大きな灰皿を投げつけたら、ディスプレーにちょっと傷がついただけで、灰皿のほうがこなごなに壊れた。壁は穴だらけ。いろんなものを張ってるんでわからないでしょうけれど……」

ものを破壊するだけではない。乱闘騒ぎを起こし、深夜、下野さんが家財道具や布団を外に放りだし、パトカーを呼ぶ騒ぎにまで発展したこともある。賀代さんは受話器で額を殴られ、傷ができた。

「すごいケンカになって、私も下野さんを殴ったりしたんだけど、あの人は布団や家財道具を外に放りだして、『おまえなんて』って受話器でガーンと殴った。私は額が切れて、青タンができて、右目がふくれたまま講演会に行ったんですよ。帰ってきても、おたがいに口がきけない。口をきいたらケンカになる状態で、ふたりで病院に行ったんです。精神科の外来に行って、そこでもケンカして、川村先生に『疲れました』と言ったら、『そんな状態の人とは話はできないよ』と言われて……。仕方がないのでそのまま二階の相談室に行って、下野さんが伊藤さんに『ちょっと話をしたいんだ』と訴えたんです」

ソーシャルワーカーの伊藤さんが「下野さんはなにがしたい？　どうなったらいいと思う？」と質問したところ、下野さんは「おれは仕事に行けて、ちゃんと夜は家で眠れて、ケンカもしない、そういう普通の生活ができたらいいと思う」と答えたという。

「そのあと伊藤さんは私に、『賀代さんはどうなったらいいと思うの？』と聞いたんです。私はそう聞かれて、『えー、どうしたいと言われても……』っていう返事しかできなかった、言葉が出なかったんです」

下野さんといっしょに生活を始めて一年あまりがたっていた。「あなたはどうしたいの？」と問われてなにも答えられない自分という存在に、賀代さんははじめて気づき、ハッとさせられたのだという。

二〇〇二年の二月末には薬を大量に飲んで騒ぎを起こした。

その日、賀代さんは仕事を終えて、夕方五時ごろ帰宅した。ニラを友人からもらったので、久しぶりに餃子をつくって下野さんを喜ばせようと、はりきって料理を始めた。

「餃子づくりに励むんですが、どうしようもない寂しさ、虚しさがこみあげてきて、彼と話がしたい、慰めて、ほめてもらいたいという気持ちが高まってきたんです。でも彼は、いつもの時間に帰ってこない。連絡もない。こんなにかわいそうで、みじめで、けなげな私のことを忘れて、職場で仲間に、それも女性に囲まれて楽しく笑って過ごしているにちがいないと、いつもの妄想が膨らんできて……。時計の針の音がカチカチと部屋中に響いて、私の疲れや寂しさ、虚しさが、だんだん彼に対する失望に変わって、怒りの気持ちがフツフツとわいてきたんです」

夜の八時。下野さんが帰宅した。雰囲気がどうもおかしい。彼は賀代さんの表情を瞬時に読んで、刺激しないようにと無言の〝完全武装〟に入る。賀代さんが丹精こめてつくった餃子を、ほとんど無言のまま食べ終えた。

「そこで私の怒りが爆発したんです。私の口から出てきた言葉は『死ね』だったんです。彼が『なんで、おまえなんかに』と。私は『うるさい、死んでしまえ』と。それから『出ていけ』『出ていくよ』になって、彼が『おまえなんて迷惑なだけだ。くそガキ』と怒鳴る。頭にきた私が酒を飲みはじめたら、彼はフテ寝でしょ。もう私は頭にきて、怒りにまかせて酒をあおっているうち、もうどうでもいいや、死んでやると思ったんです」

その日まで飲まずにたまっていた抗精神病剤リスパダール三十錠を一気に飲んだ。

「飲んで、そのまま寝てしまったんですけど、その日の夕方ぐらいからおかしくなって、副作用で口がバーッと開いて、自分でなにもしゃべれなくなって。話をしようとすると口が開いて、舌がベーッと出てくる。たいへんでした。二日間それが続いて、人まえで話をしようとすると舌が出てくるんで、つぎの日に病院の救急外来に行ったんですけど、精神科の先生から『三十錠じゃ死なないよ』と言われ、

『もう薬の乱用はしません』という誓約書を書かされて、帰されました」

アルコールや薬物依存が慢性化した人たちの多くが、とことん底つき状態になってはじめて、回復への一歩が可能になるともいわれる。賀代さんと下野さんのふたりは、どんなプロセスをたどって底つき状態から回復への道を歩んでいくのだろうか。

自己否定感との闘い

現実逃避の婚約を解消して

賀代さんが浦河にやってきたのは一九九九年の六月十三日。フォルクローレ（アンデス山脈地方の音楽）のコンサートが浦河で開催された日だった。浦河赤十字病院やべてるの家を訪ねてきたわけではない。浦河の町でバイトをしながら生活している中学時代の友人を訪ねたならば、ネパール人の青年との婚約破棄をして心身ともに疲れ果てた自分を癒すことができるのではないかと思ったからだ。

「じつは大学二年のとき、友人とふたりでネパールに遊びにいって、ビリヤードで出会った一歳年上の青年とつきあうようになったんです。すぐに求めてきたので拒否したら、それでもいいんだみたいな感じだったので、この人はいい人なのかなと思って……。そんなに好きっていうこともなかったんだけど、楽しいし、いいかと思ってつきあいはじめて、何回かネパールに通って、婚約したんです」

青年は、にせブランドTシャツの輸入をしている四十代のポーランド人の手伝いをしていた。

「アル中に近かったそのポーランド人から、『結婚して、この青年を救ってくれ』と懇願されて、私はそれまでの自分の人生がボロボロだったから、そんなに役立つのならいいかぐらいの軽い気持ちで……。ほんとうは自分が救われたかったんだったけど、人を救ってなんとかするかという感じで、役に立つということしか考えられなかったんです」

大学を卒業したらすぐ結婚するということで日どりまで決め、青年の家では準備を始めていた。

「それを知った父に猛烈に反対されて、『おれがネパールに行って婚約破棄してやる』と叫ぶので、それだけはやめてと、私がひとりで大学卒業直後にネパールに行って、それでことわったというか。いまは結婚できない、結婚を目指してつきあっていこうという話にして、なんとか収めたんです。私にしてみれば殺されるかもしれないと命がけでした。ポーランド人の男からは『もし結婚の約束を裏切ったら、ギャングにパスポートを手配させて、彼を日本に行かせ、おまえを殺すぞ』と脅されましたね。いまにしてみれば、現実逃避もはなはだしかった。日本でさんざんなことしてきたから、自分から逃げて、新しくネパールという土地で家族をつくってやり直そう、みたいな感じだったんですね」

帰国して二か月のあいだ、家に引きこもったあと、浦河に来て、最初は隣町のソフトクリーム屋に下宿しながら、その店でバイトを始めた。中学時代の友人に誘われるまま、日曜日に教会に行って、そこで早坂さんや下野さんを紹介された。

「早坂潔さんに会ったら突然、『自分を責めるな。おまえはいいやつなんだから』と言われて。なんでか知らんけど、私の過去がばれてしまった感じで……。その言葉に泣いてしまいましたね。それからは下野さんや本田さんたちと遊んだりして、酒は飲む、そして寝ないでしょ。だんだん仕事ができないようになってきて。すごく情緒不安定になって、被害妄想みたいな、怖いという感覚になって、ソフトクリームを売っていて泣いたり、急に怒ったりした。仕事をしなきゃいけないというプレッシャーもあって、すごくつらくて、つらくて、いつも泣いていたんです」

賀代さんは、詩を書くのが好きだった。浦河に来てからも、気持ちを詩に託すことで自分を慰めていた。偶然というか、下野さんはギターを弾いて自作の歌をうたったりしていた。ふたりは意気投合した。遊んだりしているうちに、賀代さんの作った詩のひとつに下野さんが曲をつけてくれた。

しかし、日常生活では、ちょっとしたはずみで気持ちが大きく揺らぎ、すぐ涙が流れた。

友人から「病院に行ったほうがいい」と勧められ、浦河赤十字病院の精神神経科の外来で、川村さんの診察を受けた。浦河に来て一か月がたっていた。

「はじめて外来に行ったとき、怖くてなにも話ができなくて、ただ泣いていて、友だちが説明してくれた。川村先生から薬をもらって、それでちょっと落ち着いたと思う。向谷地さんからは『べてるの家で働いてみないか』と言われたんですけど、作業所に行っても馴染めなくて、こんな人たちといっしょにされたくないし、いっしょにいられないという感じで。そして急に親に甘えたくなったんですね。それで『帰る、帰る』って、荷物をそのまま置いて実家に戻ったんです。十月でしたね」

自分を語れと言われても……

実家に戻っても、しばらくは寝たきり状態で引きこもっていた。やがて「働かなければ」という意識が頭をもたげてきた。広告代理店で経理の手伝いを始めた。自宅から電車で一時間かけて通ったが長つづきせず、三か月でやめた。

「つらいのは、人が怖いというのと、経理がわからないので本を買って勉強するんですけど、ぜんぜんわかんなくて……。仕事が終わってホッとして電車に乗って、家に帰る途中から時計を見て、あした何時に行かなければ、それまであと何時間何分だと考えた。日曜日も、あと何時間で仕事だと、一日中、仕事のことしか考えられなくなって……。薬を飲むとしばらくはおさまって普通の生活ができるんだけれど、うつの状態に入った感じで、こころのなかはなにも楽しくない、笑えない状態なんですね。給料は十六万だったけど、こんな仕事して、こんなにもらっていいのかと思ったりして」

医者である父親に勧められて、精神科医のところで毎週一回、カウンセリングを受けた。

「女の先生と一時間ぐらい話をするんですが、『自分を見つめなきゃいけない』『以前をふり返って見つめることがだいじだよ』と言われて、『お父さんとのあいだにあったことをすべて思い出して報告してください』と。親に聞いたりするんだけど、なにもなくて、『なにもない』と先生に言うのがつらくて、つらくて。そこでの診断名は人格障害で、幻覚や幻聴はヒステリー性のもの、薬は催眠剤だけにしますと言われて、薬をもらっていたんです。でも、そこに通ったことで、こころが落ち着くのではなく、荒らされる感じでした。親を納得させるためにはよかったけど、やっぱり病気か、みたいな気持ちでしたね」

医者に通う以外は、家で引きこもっていた。自分の気持ちを詩のかたちでノートに書きなぐり、部屋でCDを聞いたり、同じビデオを何回も見る生活を続けた。べてるの家の講演会があると連絡を受けて、会場まで出かけていったりもした。

「べてるの人たちに会ったあと、幻聴で音楽がワーッと聞こえたりした。でも、下野さんがしょっちゅう電話をくれて、心配してくれて……。このままだと、もしかしたら、学生時代と同じひとりぼっちみたいな状態になって、ご飯も食べられなくなるかもしれない。なんでもいいから人とかかわることが欲しかった。浦河には自分と同じ苦しい体験をした人たちがいっぱいいるし、そういう人たちは、どうやって暮らしを保っているのかを考えはじめたんです。ひとりになってはじめて、自分にもべてるの家の仲間がいるじゃないかと思えた。それがすごくうれしかった。やっぱり、この人たちといっしょに、浦河でもう一回やってみようという気になったんです」

浦河に戻って、下野さんといっしょに生活を始めた。二〇〇〇年七月のことである。自分の気持ちを詩に表し、下野さんとともに歌をうたうことを始めた。しかし、こころの片隅では、「自分はこの人たちとはちょっとちがう。自分はよそでやっていけるんだ」という意識を捨てきれなかった。

「向谷地さんからは、『賀代さんは〝べてる学校〟に来ても、周囲をぐるぐる回っているだけで、門からなかへ入ろうとしない』と、よく言われてましたね。現実にはなにもやっていけない自分がいるのに。とりあえず、ここにいて勉強してみるかという気持ちになるまで、時間がかかりましたね」

その間、べてるの家のメンバーをはじめ、川村さん、向谷地さん、伊藤さんからは「もっと自分を語りなさい、語って底力をつけなさい」と言われつづけた。

「川村先生に『自分はこんなことで困ってるんだ』と言っても、先生は『それ、私に話すよりも、みんなに相談しなさい。それでどうだったかという報告も、みんなにしなさい』と言うんです。『仲間がいるのに、なんで私に聞くの。もったいない』と。最初、先生に『自分の病気についてもっと知るために、本を読んでいいんですか』って聞いたときも、『なんでそんなことすんの。変に賢くなって、ぜんぜんよくないよ。そんなことしないで、まわりにいっぱい仲間がいるから、その人たちに聞きなさい』って言われたの」

自分を語れるようになる……言葉にすれば簡単なようだが、じつはもっともむずかしい作業である。

「とくに私は、困っている姿を人に見せないのが得意だったから、SAミーティングだとか、決められた場でしか自分のことを話すことができなかったです。でも、自分の弱いところをさらけだしても、足を引っぱられたりすることがないということがわかってきたし、ほかの人を観察していて、どんなつまらない相談にも、みんなが一生懸命聞いている姿を見て、あ、これなら、自分もなにを言っても大丈夫だという安心感を得たのが、去年（二〇〇一年）の秋ごろだったかもしれないですね。それまでは、そういう準備が自分にできてなかったんですね」

まるで自傷行為のような恋愛

それでも、賀代さんは自分に向きあうのが怖かった。ソーシャルワーカーの伊藤さんは、一枚の白紙の紙に人間の絵をふたつ書いて、こう説明した。

「これが賀代さん、その隣が下野さん。このふたりは、こころでしかつながることができないの。自分の気持ちをとらえることができてはじめて、おたがいに理解しあえるの。ふたりがケンカしているのは、気持ちのぶつかりあいではなく、きっとふたりが築いている厚い壁同士がぶつかりあっているだけなのよ。だからまず、自分がどんな気持ちでいるかをとらえる作業が必要だと思うの」

そんな説明を聞いて、賀代さんは、「私、自分のこころを見るのはイヤだ」と言った。

「やっぱり、自分のこころを見るのは苦しみがともなうと思ったんですよ。自分の気持ちやこころを考えるのがイヤだから、そういうのをずっとやってこなかったんです。川村先生や向谷地さんにも、『山本賀代という人間とつきあうのは、下野くんとつきあうよりたいへんだから』と言われていたんですね。私は自分が嫌いだから、問題があるようなところにわざと顔を出して、悪いことをしたり、いろんなことをして、自分を見ないようにずっとしてきたんです」

そんな賀代さんを励ましてくれたのが早坂潔さんだった。

「私が落ちこんでいると、潔さんが『自分が嫌いで嫌いで、自分の顔見るのもイヤだったおれでさえ、こんなになれたんだから、賀代ちゃんだって、いつかは、ちゃんと自分とつきあえるようになれるよ』って言ってくれて、ああ、そうだろうなあ、潔さんでさえそうだったもんなと思えたっていうか……」

ちょうどそのころ読んだロビン・ノーウッドの『愛しすぎる女たち』（落合恵子訳・読売新聞社）という本に出てくる女性が、自分の過去の姿と重ねあわさるように思えてきた。何回も読んだ。

「依存傾向のある女の人は、問題のある男の人を選んでしまう。私自身、お父さんに対する父親コンプレックスがすごくあって、子ども時代に埋められなかった愛情欲求を、どうにかして埋めようと、いままでがんばってきたんだけど……。自分は昔の彼氏に依存していて、彼がいなかったら、自分はなにをしていいかわかんない空っぽの状態だった。読んでいくうちに、それが共依存という状態だと書いてあって、あ、そうか、簡単な問題じゃないなと思ったんです」

昔の彼氏というのは、賀代さんが高校時代、アルバイト先で知りあった四歳年上の青年のことだ。

賀代さんは恋をした。

「落ちこぼれの集まる私立高校へ入って、なんとか楽しくやっていました。でも、二年生のときからおつきあいした彼は、すごく好きだったんだけど、一年ぐらいしたらいきなり、『ほかに好きな人ができた』と言われて、すごいショックを受けて、こんなに信頼して好きだったのに、こんなことになるんだなあと思って。『頼むからもう一回考えなおして』って、しつこく迫って、それから四年間つきあったんですよ。だけど、それ以来、男にふられるのは自分が悪いから、女らしくないから、料理ができないからと、自分を責めて、責めて……」

だが、賀代さんがいくらがんばっても、ほかに好きな女性がいるという男のこころを引き戻すことはむずかしかった。

「つねに私は相手しか見てないから、私に対する相手の気持ちが足りないと思って不満がたまり、すぐケンカになる。同時に、ケンカしたらふられるという不安が大きくなって、自分の気持ちをコントロールできない。冷静に考えられなくなる。だから自分はダメだ、みたいなレッテルを自分に貼って、どんどん自信をなくしていく。自傷行為みたいなもんでしたね。相手は自分のことを好きじゃないというのがわかっているから、その人と会えば会うだけ、不安で不安でしかたがない。その不安と、彼と自分の思いのギャップを埋めるために、ほかの男と関係をもつことで、その虚しさを埋めようとしたんですね」

女であるだけで私が悪いと

高校時代から、クラスの仲間と酒を飲んでは暴れたり、ハチャメチャな行動をとるようになる。私大の法学部に入学したものの、新入生歓迎パーティーやゼミの合宿などで羽目をはずすようになる。

「大学に入ったとたん、みんな勉強できて、高校時代も真面目にやってきたという雰囲気に違和感を覚えて、あ、自分はこんなところにいられないという思いになったんです。だからゼミの歓迎会でも、酒飲んで酔っぱらうと、抑制しているものが全部出てしまって。そういうとき、どうなるかわからないという危険な感じを私は出すらしいんです。それで面倒みてくれる人が出てきて、私はその人に甘えられればいいなあ、優しくしてくれたら、それに乗ろうみたいな感じになって……。その人がどっかに連れてってくれて……。ほとんど覚えてないんです。つぎの日になって、しまった、またやったみたいな感じ。自分じゃない自分がひとり歩きしている感じですね。自分をだいじにする考え方がなかったですからね。遊んでるんじゃなくて、遊ばれるだけ。それも自分のからだだけ使って。だから、なにも楽しくないですよ。川村先生は、『賀代さんはいろんな苦労してきたけど、その苦労は無駄じゃないからね』と言ってくれるんですけど、ほんとう、自分がゴミみたいに思えてくるし、死にたいという思いがずっとあって、死んでもおかしくなかったんですよね」

そうした経験が、賀代さんをいつも苦しめつづけているのだろうか。

「なんか私の場合は、暴力とか性的なことは、ずっと小さいときからあることで、マヒしているみたいですね。暴力はいつも兄から受けていて、私の前歯は義歯ですが、殴られて折れたんです。親からは精神的暴力もあったし。小さいときから痴漢にあっていて、高校のときはとくにひどかったですね。電車で車両を変えても痴漢がついてくるし、どうしようもなかったんです。だれにも訴えることはできなくて、だから慢性化してしまった」

男性依存になってしまう女性の多くは、セックスよりも、温かく抱きしめられたい、自分を受け入れてほしいという欲求が、そうさせるといわれている。

「私は認められたいという感じかな。私は父にいつも『おまえが男だったらなあ』と、女であることを否定されてきたから、女だというのを認めてくれる、そういう男だったのかなあ。ただ男性がやさしくしてくれるだけでいいんですよね。その後、ずっと続けば、それはいい関係なのかもしれないけど、男は結局、夜のためだけに、いろいろやさしくしているというか……。そういうことがわかんなかったんですよね。その場かぎりのやさしい言葉をかけてくれたり、自分を求めてくれたりすることが、自分にとって――」

心地よかったと言おうとして、それをぐっと飲みこんだ賀代さんは、向谷地さんの言う空虚感のなかで過ごしていたにちがいない。

「こころのなかはさめてしまってる。すごいさめきっているんで、まったく冷たい状態なんです。すごく小さいときから人間に対しては半分、さめている。人間はこういうことをするんだな、メチャメチャなんだなあっていう気持ちがあるから……。自分がやっちゃったことに対して落ちこむことはあるんだけど、その人を恨むという感情にはならないんですよ。もう、そういうもんだという、そんな感じ。あとは自分を責めるだけですよ」

賀代さんの話を聞いていると、なにが起きても、すべて自分が悪い、自分が問題だからと、自分ひとりに責任を背負わせているように思える。

「痴漢されても、自分がどれだけひどい傷を受けたかは考えないんですよね。もし私が告発したら、相手の家族はどうなっちゃうんだろうとか、そういうことばかり考えてしまう。冷静に考えたら、男のやってることは犯罪なんだけど、それも自分が悪い、と。だから最終的には、私が女であるだけで悪いんだし、こういう私のルックスも悪い、すべて悪い、悪い、そう言うしかないですね。だから早坂潔さんが『自分が嫌いだ』と言うのがすごくわかるんですよ。認められるところがひとつもなかった。

べてるの家に来てやっと、わあ、これでもいいんだという感じ、安心感が得られたんです。子どものころに感じてたのは、自分だけが感情があって、みんなはロボットなんだということ。でも、ここに来て、みんな同じだ、私だけが特別じゃないなあという感じになったんです」

私大は三か月でやめ、パチンコ店でバイトを始めた。当初はそれを認めてくれた母親だが、将来のことを考えるとこのままではいけないと、賀代さん自身が追いつめられる状態になり、彼氏と親が希望するべつの私大に再度、挑戦することになる。阪神淡路大震災の起きた年だった。願書を出して試験を受け、合格した。そして二年の夏に、友人とネパールに行って、婚約騒動に発展していくのだ。

マイナス評価しかない家

ソーシャルワーカーの向谷地さんや精神神経科部長の川村さんは、講演を依頼されると、できるだけ都合をつけて、べてるの家のメンバーたちといっしょに出かけていく。そして聴衆のまえで、メンバーたちに自分の体験を語ってもらう。

向谷地さんが学校のＰＴＡから依頼された講演会のテーマは、「親の生きづらさ、子の生きづらさ」だった。このときには賀代さんもいっしょに参加した。

「向谷地さんの児童虐待問題についての話がすごくよかったんですよ。『最近、こころを苦しく思う人たちが増えているけれど、人の目を気にする人、他人の呼吸が気になる人が多い。そういう人たちは自己評価が低い』という話だったんです。私はそばで聞いていて、なるほどと思って……。向谷地さんが、自己評価の低い人は小さいころから『いまのままでいいんだよ。そのままですばらしいんだよ』と認められることがない状態だと説明して、『賀代さんはどうだったか』と言われ、私も体験をみんなのまえで語ったんです」

賀代さんは、「私の家はプラス・メッセージのない家庭だった」という話をした。

「私の家庭では、プラス面のメッセージが受けとれなくて、つねに『おまえは不細工だから』『おまえみたいなわがままなやつが気ちがいになるんだ』とか、父は酒を飲むと、いつも私をけなすことが多くて、それを受けつづけていると、勉強していても『努力が足りないんだ、おまえは』という父のせりふがずっと頭から離れない。そして自分の評価が低い病気になってしまって、休みたいときに休めない、自分がほんとうに苦しいときに、だれかに『助けて』って言いだせなくなってしまう。そして、つねにもっとやらなきゃ……と自分を追いつめる状態になってしまったんです」

賀代さんは、自身の体験を具体的に語ることで、母親たちの視線が集まり、自分の存在に興味をもってくれていることを肌で感じた。ダメな人間だと思いつづけていた賀代さんにとって、自分が受け入れられていると感じたはじめての体験であった。

「親を超える人間になれ」

「あるとき、伊藤さんと話していて、『一家庭に一個はキャッチコピーがあるもんだけど、賀代さんの家庭は?』って聞かれたんです。私の場合、考えたら、いつも医者の父が言っていた『親を超えるような人間にならなきゃいけないんだ』ということだったんですよ。いきなり『医者以上になれ』という高いハードルを設定されて、私のなかでは、医者になれなかったらダメな人間だというのがある。だから、自分をよしと思えないのは当然だなと、はじめて気がついたんです」

賀代さんには二歳と四歳年上のふたりの兄がいた。学校の成績は賀代さんのほうがつねによかった。小学二、三年生ころのことだ。通信簿をもらってくると、父親は「おまえら、ちょっと来い」と居間に三人を並ばせた。

「父は兄ふたりに『賀代はこんなに勉強できるのに、おまえたちはなんで勉強できないんだ』と説教する。それが私はものすごくイヤだったんです。兄たちには『おまえらはほんとうにバカだ。どうしようもない』と言って、そして私には『賀代は勉強できるんだけど、なんで男じゃないんだ。おまえが男だったらなあ』と言うんですよ。そう言われても、自分ではどうしようもないでしょ。私のせいで兄ちゃんたちが怒られてる。私は、しかる道具に使われてる……。それからですよ。兄ちゃんたちは私をいじめてくる。私がご飯食べてるだけで殴ってくる。私は兄ちゃんたちが好きで、それぞれいいところがあって、いちばん上は運動できたし、二番目は絵を描いたりするのがすごく上手で、私よりできることがいっぱいあったのに、結局、〝勉強できない人〟にされてしまった。私も男にはなれないから、全員が否定される状態。そういう家だったんです」

父親は現在、六十一歳。家庭を犠牲にして高度経済成長を支え、競争を勝ち抜いてきた世代だ。

「父は生まれつき心臓が弱くて、二十歳まで生きられるかわからないって言われて育ったというんですね。末っ子で甘やかされたのもあってわがままなんですけど、いつ自分は死ぬかもわからないという思いから、勉強して、スポーツして、努力して努力して、それで大学ではサッカーをやり、医大チームのなかでは日本一になったというのが自慢なんです。そうやって努力してきた人だから、子どもを見て努力が足りないと思うのは当然かなと、私はずうっと思ってたんですね」

父親は几帳面で、列車の時刻表のように、自分の行動と時間をきちんと決めていた。風呂に入り、夕食をとり、酒を飲むのも、時間どおりに進まないと機嫌が悪くなる。そして酒を飲むと、いつもの説教が始まり、子どもたちへの不満や怒りがとめどなく出てくる。

そんな父親に、ただひとり反抗したのが賀代さんだった。

「私、口は達者だったんで、大きくなるにつれて、『金がすべてじゃねえや』『将来、偉い人になるのがすべてじゃねえ』って、父に反抗してたんですね。『酒飲んでの説教なんか聞きたくねえ』って、パーッと逃げると、『こーい!』って、でっかい声あげて父が呼ぶんですよ。戻ってケンカするんですけど、飲んでる人相手だから、話がかみあわなくて」

専業主婦の母親は現在、五十五歳。夫の機嫌をそこねたらたいへんだという意識が強く、子どもの気持ちを思いやるゆとりはなかった。

「母は父には口答えできないんで、ただ見て泣いているか、私がワーッとわめくと、『賀代、やめなさい』『おとなしくしてなさい』って言うだけです。母はゆとりがないというより、問題から目をそむけているのが精一杯で、好きな趣味のことをしたりしてごまかしている。だから私がどんなに学校で暴れても、なんでそうなっているのか、私といっしょになって考えてくれる人はいなかったなと思います」

唯一の味方だった祖父の死

そんな賀代さんにとって唯一の味方になってくれたのが、母方の祖父だった。小学四年までは、その祖父と二世帯住宅で生活していた。兄に殴られたりすると、賀代さんは祖父の部屋に行って、いっしょに寝たりした。

「すごく私をかわいがってくれたじいちゃんが小学四年のときに死んで、その二年まえに私がだいじに思っていた友だちが死んで、だんだん、自分にとってこころ休まる人がいなくなったんです。その友人はぜんそくだったんですよ。私が遊びにいくと、つぎの日に寝込む。亡くなるまえの日も私が遊びに行って泊まったので、もしかしたら私のせいかな、という気持ちがずっとあって。そのころから妄想が出てきて、自分だけが人間で、ほかの人は私のために用意された感情のない人造人間で、私はいろいろな目にあって、どういう反応を示すか実験されていると勝手に思う、そんな世界に閉じこもってました。『トゥルーマン・ショウ』という映画は、私が考えていたことがそっくり映画化された感じだったんです」

「トゥルーマン・ショウ」はジム・キャリー主演の映画。テレビ界のスーパースターの彼は、生まれたときからその成長ぶりをテレビで生中継されつづける。妻も親友も仕事仲間もすべて、雇われた俳優

すという
が演ずる虚構の世界なのだが、彼には知らされていない。やがて彼はそのことに気づいて反乱を起こすというストーリーだ。

祖父が亡くなってまもなく、不思議なことが起きた。

「外を歩く音が聞こえたんです。枯れ葉を踏むミシミシという音がして。ひとりの部屋だったんで、アレッと思って、ずっと聞いていると、部屋のドアが開いて、じいちゃんが立っている。なにか言っている。なにを言ってるかわからないけど、とにかくじいちゃんが来た。生前のいつもの感じで、普通の顔をして、口が動くだけで声は聞こえない。このことはだれにも話しませんでした。なぜかって、お母さんは頼りにならないし、頼れるお父さんは、そんな話は聞いてくれないだろうし」

祖父の死の数年まえには、祖母の死にも立ち会っていた。

「そのころから死についてはすごく考えましたね。人間はみな死んでいくんだなあ、という気持ちが芽生えて、みんなワイワイ楽しそうにやってるのがバカらしい、なにが楽しいんだみたいな気持ちがありました。そのときに宗教とか神様を知っていれば、もっとちがったなという気がしますね」

中学は、海外に在住する日本人のために英国のケンブリッジ近くに設立された、私立の国際学校に進学した。一学年三十人で、女子はわずか六人。全寮制だった。そのころから、不思議な幻覚を体験するようになっていく。

「寮は四人部屋で、二段ベッドがふたつあって、私は上段なんですが、寝ようとすると金縛りにあって、なんだこれはと思っているうち、胸のうえに白っぽい猫が乗ったんですよ。動かないで私をじっと見てるんです。うえに乗っかるのは猫であったり、人であったりだけど、いつも首を絞められ、脅される。首っ玉だけの怒った顔が飛んできて、ベッドから落ちそうになったりしたこともありますね。それから新聞の記事みたいに日本語の文字がカシャカシャと出てきて、その文字が女性の声になって、『あなたが私をいじめるから』と言う。とにかく怖いんですよ」

そんな体験を友人に説明しても、「霊体験だよ」としか受けとめてくれない。恐怖におびやかされたうえに、学校生活も規則がきびしく、ちょっとしたことで廊下に正座させられたり、竹刀で背中を叩かれたりした。

「窮屈な生活から開放されると期待していたのに、また子どものころのように、いるだけで文句言われるみたいになって、それならとことん反抗してやろうと、一年の二学期ごろから、酒やタバコをやったり、授業妨害したり、外に出かけて万引きしたりと、やりたい放題のことをやったんです」

二年の秋、授業中に突然、校長室に呼ばれ、居並ぶ教師をまえに退学処分を受け、友だちにさよならも言えず、荷物をまとめさせられ〝強制送還〟された。中学の残り一年は地元の公立中学へ通い、英語が好きだったことをいかして、高校は私立高校へ進学、二年のときにバイト先で好きな彼氏ができて、交際が始まっていく……。

和解への準備

ふたりの危機にメンバーは知恵を出しあう

「同じことをくり返しているのは疲れたし、自分のことをちゃんとしたいし、下野さんだって、自分のことを考えたいだろうし、そのためには別居というかたちもあるんじゃないかと……。みんなが『別れないで、（生活は）離れてやっていったほうがうまくいくんじゃないの』って言ってくれたから、そういうかたちもあるかなと思って」

二〇〇二年八月末のこと。四か月ぶりに東京のホテルのロビーで、講演のため上京した賀代さんに会った。近況をたずねたら、三週間まえの八月十日から、二年近くにおよぶ下野さんとの同居生活に終止符を打ち、それぞれ別べつに生活を始めたというのである。

自分を見なおす作業を始めて一年。賀代さんと下野さんは、それぞれが、さらなる道を進むためのあらたな選択をしたのだった。賀代さんの説明に耳を傾けてみよう。

「いっしょに生活してると日常の小さなことでも、どっちが悪いのか、どっちの責任かがごっちゃになって、どんどん私が背負って、気がついたら下野さんの面倒をみるかたちになっている。下野さんはべつにそうしてくれって言ったわけじゃないけど……」

将来のためにふたりで貯金して、小遣いは五千円ずつ出し、足りなくなったらふたたび引きだすというかたちをとって、賀代さんがお金の出し入れ役を引き受けていた。

「下野さんはお金の管理が上手じゃないし、私はすごく細かい性格だから、お金の使い方だけでもモメちゃうんですよね。下野さんは腹立つかもしれないけれど、私としては『いくら使うんだろう、この人』みたいな感じで気が気じゃない。そのうち下野さんは引きこもって働かなくなったから、給料が入ってこなくなり、私のほうが持ちだしが多くなったりしてしまう」

ゴミの始末、食事の買い物をふたりのどちらがするかでも、もめた。

「私はすごく細かく決めていきたいんだけれど、下野さんは決めたことを守らない。どうしても私がやっちゃう。すごく不満がたまってくるでしょ。『不満がたまるぐらいならやるな』って言われても、私はやらないとクシャクシャしてくるから、買い物に行ってまた不満がたまって、下野さんは下野さんで不満がたまって、ぶつかるという感じ」

三月中旬のことだ。賀代さんと下野さんのケンカは、最悪の事態を迎えた。

「私は生理が近づいてくるとイライラするし、すごく疲れるんですよね。それで買い物を頼んだのだけれど、『買い物したくない』と下野さんが言うので、ワーッとケンカした。終わったなと思って寝て、朝起きたら、下野さんが『てめえ、起きろ、この野郎』って蹴ってきて、部屋にあったものを倒したり壊したりして、トイレに逃げたらドアをガンと殴って。それでまえの日の怒りがフツフツと……。首締められたので、顔にギッと傷つけてやったんだけど、とにかく私は『安心して寝たい』と言って、清水里香さんたちの共同住居で休ませてもらったんです」

そんな険悪な状態になると、べてるの家ではメンバーたちも加わって、どうしたらよいかを話しあうことになる。ふたりの問題は、一週間の出来事を報告しあう「金曜ミーティング」でも取りあげられた。

司会の小川さんが「こんなに賀代ちゃんが(下野さんに)腹立つのは、はじめてだって」と、具体的なまえむきの提言を求めると、下野さんが「おれの知ったこっちゃない」とふてくされる。そんな雰囲気のなかで、二十数人のメンバーは思いつくまま、さまざまな提言を出した。

「サンドバッグかなんか買ってきて、それをたたいたら」(女性)

「こうやってしゃべってるだけで発散できるよ」(女性)

「手紙で相手に、自分がされてイヤなことを書いたら」(男性)

「顔あわせればケンカすると思うから、しばらくのあいだ、ふたりは離れてべつのことをやって、一週間、一か月、顔をあわせないで生活したら、また会ったとき、腹立たしい気持ちもなくなって、新鮮な気持ちになれると思う」(男性)

「下野くんが勝ち負けつけたいというんなら、手を出さないことで、心底言いたいことを爆発するま

で言いあって、最初に手を出したほうが負けというのはどうかな」(男性)

奇抜なアイデアが出るたびに、笑いの渦がわき起こるが、当事者のふたりは真剣だ。

賀代さんは「私はケンカするのがイヤだって言ってるわけじゃなくて、この腹立ってるのをどうやって抑えるかっていうことなんよ」と答えれば、下野さんも「カップル・ミーティングを開けばいい」と提案する。

しかし、簡単に結論が出るものでもない。結局、「ふたりがSOSを出したとき、受け入れることができる人は部屋を提供するなど、協力しあおうね」と申しあわせて、ミーティングは終了した。

向谷地さんは、こう説明する。

「べてるの家では心理カウンセリングみたいに、一対一でじっくり話を聞いていくうちにどんどん変わっていった、というイメージはほとんどないんですね。一対一で生まれてくるものは、暑いときの清涼飲料のようなもので、一見、心地よいんだけれど、長もちしないんですね。むしろ、問題を起こすことで人とどうつながれるか、だれとつながるきっかけになったか、ということをだいじにしています。だから下野さんや賀代さんのようなベテラン・メンバーには、川村先生も私も、『一対一で話を聞いてほしい』と言ってきても冷たいんです」

そんな状態がくり返されていたある日、賀代さんにとって自分の存在をあらためて問いなおすような出来事が起きた。それは二〇〇二年六月二十二日のことだ。

ハッピーな女になろう

浦河町教育委員会の主催で、社会学者の上野千鶴子さんとカウンセラーの信田《のぶた》さよ子さんの講演会が浦河町文化会館で行なわれた。講演会が開催される前日の夜、べてるの家の活動に関心をもつ上野さんらふたりを囲んでの交流会が、「ニューべてる」一階で開かれた。

五十人ほどのメンバーが参加、カレーライスを食べたあと、「下野さんと賀代さんに歌ってもらおう」というムードになった。だが、前日から激しいケンカをしていたふたりは、歌うどころか、みんなのまえでケンカの続きを始めてしまったのだ。

「歌おうとする私に、下野さんがやってきて『おまえとはいっしょにやりたくねえ。おれひとりで歌うからな』と言ったんで、頭にきた私も『ひとりでなんかやらせねえ』とたんかを切って、おたがいにメチャクチャやって、その場の雰囲気をぶち壊してしまったんです」

賀代さんが「十七歳」という曲を歌おうとすると、下野さんはエレキギターの音をわざと「ギーン」と高く上げ、大音響を響かせたりして妨害に出た。上野さんをはじめメンバーたちは、どうなることかと一瞬、緊張した。

その場の異常な雰囲気をキャッチしたのが、司会をしていた松本寛さん（Ⅳ章に登場）だ。なにもしないで一日ぶらぶらしているので、二〇〇二年度の総会で「ぶらぶら賞」を受賞した。その松本さんが賀代さんからマイクをすっと取ると、自分で「十七歳」を歌いはじめたが、ギターの音とあわない。「やっぱりダメだ。歌えないわ」と、みんなの爆笑をかって、なんとかその場をやり過ごした。なにもしていないように見えて、つねに気配りをし、肝心のところでは役割をきっちり果たす「ぶらぶら賞」の極意を示したのだった。

だが、下野さんの怒りはおさまらない。交流会が終わると、下野さんは賀代さんのところに近寄り、ペットボトルを振りあげると、「こいつにやり返さないと気がすまない」と当たり散らし、みんなにとめられた。

「私は翌日の講演会に行って、上野さんが『私が女であるということを、だれからも言われたくない。私は自分がそう思うから、私は女なんだ』と発言するのを聞いて、大学時代に女性学を勉強したことをわあっと思い出した。というか、忘れていたものが自分のなかに戻ってきたんです。そうだ、私は女だ、と勇気がわいた感じがあって、いまの自分はどうなんだと思って。そのあとの川村先生の家での交流会で、上野さんと直接話をしてみたかったんですが、できなかった。下野さんに攻撃されて、ただ呆然《ぼうぜん》として、なにもできないでいる姿を見せてしまって、恥ずかしいと思ったんです」

そんな賀代さんの気持ちを察したのだろう。川村さんが近寄ってきた。

「川村先生は覚えてないでしょうけど、笑いながら『賀代ちゃん、ハッピーな女になろう』と言ったんですよ。それからですね。別居のことを考えはじめたんです」

「離れて住もう」と口に出してはみたものの、決断できずにいた。そのころから下野さんも仕事をせず、引きこもりを始めた。そして二か月たった八月十日。メンバーの長友ゆみさんが、たまたま風呂つきの部屋に引っ越した。聞いてみると、隣の部屋が空いているという。賀代さんは「いまだ」と決断して、引っ越したのだという。

「上野さんの話と、川村先生の『ハッピーな女になろう』という言葉が、私をつき動かした感じなんです。最初は、ひとりで暮らすのがすごく不安でしたよ。でも暮らしてみて、よかったと思いますね。下野さんといっしょに生活したのはすごくいい経験でしたね。しばらくは人といっしょに住めないなというのがはっきりしました。結婚どころじゃないという感じ。私は人間関係についても未熟だということがわかったし、ああ、こんなことでもケンカした、あんなことでもケンカした、よくやったなあというか。人の話が聞けて、自分を見つめ、自分をさらけだし、語ることができるまでに二十六年かかったという感じですね」

下野さんは、はじめて自分をふり返る

その賀代さんと、ことあるごとに激しくぶつかりあいながら、生活をともにしてきた下野さんの説明も聞かないと、ふたりの歩みを語るうえで不公平というものだろう。

「おれが暴力をふるうと、賀代ちゃんは小川さんのところに避難して、『下野くんにやられた』って訴えるでしょ。川村先生も『賀代ちゃんを絶対的に応援するからな』って言う。伊藤さんにも『下野くん、どんなに理由があっても、暴力ふるったら負けだからね』って言われて……。おれ、だんだん自分の言いぶんが通らなくなったんですよ。あっちがみんなを味方につけて強くなってしまったんですね。

おれも、もうトラブルはいいわ、という気分になっていたら……。実際に引っ越しの行動を起こしたのが彼女だったんですよ」

それから三か月たった二〇〇二年十一月二十四日。名古屋で開かれた恒例の「名古屋べてる祭り」に、下野さんは来ていた。名古屋市医師会看護専門学校の四階会場から抜けだし、一階の玄関先でタバコを吸っているところに出会った。

「あの、夏の二か月の引きこもりは、引きこもるというより、自分をふり返る作業がしたかったんです。べてるで仕事をしてるときはすごく安心できるんだけど、家に帰ると寝るまで、賀代ちゃんとのバトルにすごいエネルギーを使う。仕事が二〇パーセント、バトルに八〇パーセントの力を出さなくちゃならない。だから自分のことを考える暇もないし、このままいったらからだがもたないから、自分のことを考えようと思って、シャッターおろしてシェルターに入ったという感じですね」

賀代さんがなにか言おうとすると「ちょっと話しかけないでくれ」「うるせえ」と、はねのけた。こうして自分のことを真剣に考えてみようと思ったのは、浦河に来て九年になるが、はじめてのことだった。

「彼女とのトラブルの原因は、おたがいに過去のつらい体験をだれにも話せずにいて、自分はなにも話さないのに、相手にはわかってほしいと思う。しかし、話さないから相手にはなにがつらいのか伝わらない。それで自分を見るのがイヤになって、相手の悪いところを口に出す。その結果、ケンカになって、血みどろの闘いになるんですね」

賀代さんと出会うまえにいっしょに生活したことのある女性とも、ケンカをくり返してきた。

「自分はこういう暴力のパターンを何年くり返してきたかなと考えたら、十八歳ぐらいからですね。父親は家に友だちがくると、『帰れ！』と怒鳴り、それで父親につかみかかって取っくみあいになった。自分なりに自分史みたいなのを、ふり返ってみたんですよ。そしたら、自分は母親がいなくて、親父は家に帰ってこなくて、という生活で、それが当たりまえだと思ってきたんだけど……」

母親は下野さんを出産した直後に白血病にかかって入院、下野さんが七歳のときに亡くなった。だから生まれた当時、小学二年と四年だったふたりの姉が母親代わりになって、弟のオムツを替え、ミルクを飲ませて育ててくれたという。

「おれにとっては母さんは小さいときからベッドに入っている人で、からだが弱いというイメージ……。母さんが指示して、姉ちゃんたちがおれにミルクをやり、泣きながらゲップを出させたりしていたという話です。だから姉ちゃんたちが中学生のころから、お歳暮のこととか、買い物とか、家事をぐるぐる回していた家だったけど、母親がいなくて悲しいよねと言うのはタブーなんですよ。そのことに触れたら、親父が酒飲んで、グジャグジャになるという恐れもあったんですね」

地方の銀行員だった父親は、仕事に忙しく、帰宅は深夜。家に着くときには酒に酔いつぶれていた。ふたりの姉は下野さんが中学生になるとつぎつぎに結婚し、家を出ていった。高校一年から父親とふたりだけの暮らしになった。

「メシをつくる人がいない。たまに父さんが味噌汁つくって、あ、キャベツの味噌汁だと思ったら、レタスが入ってる。台所は汚い茶碗の山でウジがわきそう。父さんがくれる金で、パン買ったり、晩飯をラーメン屋で食ったりとか、サラリーマンみたいな生活をしてた。野菜はぜんぜん食わないし、栄養不足で最悪の状態。学校にも行けなくなって。そういうのがあって、高校卒業してコンピューターのチップ・コンデンサーの工場で働くようになって、野生大麻をやりだしたんだね」

仕事は長つづきせず、自宅で遊び仲間と野生大麻を吸う毎日が続き、被害妄想が強くなり発病した。

「ちょうど宮崎勤事件が起きたときで、宮崎勤の勤の字が、親に『勤めろ、仕事をしろ』と言われているように思った。近所のおばさんの目も気になるようになって、いつも、自分は警察に捕まるんではないかと眠れない日が続いて……。被害妄想がいちばん強いときには、交番のまえで野生大麻を吸って、どうせなら捕まったほうがいいや、みたいな感じでね。友だちにも電話して『警察が捕まえにくる』とか言って。結局、親に『病院に行こう』って言われ、『うん』と納得して入院したんです」

その精神病院での体験は、いまでも大きな痛みになっている。

「最初は注射を打たれ、保護室という独房に二週間入れられた。そこを出ると患者に殴られたんです。『お菓子やる』と言われ、少し多めに食べたら、いきなり殴られた。院長は『どうですか』と病室をまわってくるけど、深い話もできない。薬を飲むときは一列に並んで、錠剤と粉薬を小鳥のように開けた口に入れてもらい、『はい、ごっくんして』という合図で水で流しこむ。刑務所のようでした」

半年で精神病院を退院し、専門学校に二年通い、卒業して二十二歳のとき、鉄工所に就職した。しかし、仕事よりも仲間とギターを弾くのが楽しく、ミュージシャンを目指して東京へ。新聞販売店で住みこみの配達員をしたが、ぜんそくの発作が激しくなり衰弱、三か月で自宅に戻り、ふたたび精神病院へ。

「その入院中に親父が自殺しちゃったんだ。理由は借金。バブル経済が破綻したころで、常務理事だったんだけど一億円ぐらい借金して、山のなかでガソリンかぶって焼身自殺したという話ですが、ほんとうのことは知りません。つぎの日に姉が来て『お父さん死んじゃった』と。びっくりしましたよ。親父五十九歳。おれは二十三歳。でも、そのまえに、親父は死ぬなと予感した。親父が突然、見舞いに来て、『これ、お父さんの時計、おまえにやる』と。ビールを持ってきて、『飲め、病院じゃ飲めないだろう』って。直感で、いつもの親父と違うと思った。面会が終わって、なにか恐ろしい気持ちになって、家に電話したかったけど、怖くてできなかったんです」

過去をたどっていったとき、ソーシャルワーカーの伊藤さんと、親に自死された家族の抱える問題について話しあったことが、頭に浮かんできた。

「母の死、父の死、そしてふたりの姉がつぎつぎに結婚して離れていって、おれにとっていちばん頼りになるべき人が、いつも死んだり、いなくなったりする。だんだんわかってきたんだけど、だからおれは気持ちのどこかで、どうせまたこの人は、浮気していなくなるんだろうとか、いなくなっても寂しくないというところまで落としたモードでつきあっている。そうでないと自分のことを保っていけない感じかな。人が同情や心配をしてくれるのがわかると、いつもおれは、『ひとりで生きていかないとならないんだ』というシャッターをヒューンと下ろしてしまう。そして頭のなかではちがうことを考えて、『いや、そんな話よりも楽しい話をしましょうよ』という回路に切りかえる。いつもニコニコして、ニコニコ仮面と言われてたけど、自分のことを話さない理屈をいつもつくってたことがわかってきたんです」

下野さんも「愛されたい」「甘えたい」という気持ちは人一倍強いのに、甘えて、もしも裏切られたらつらいし怖い、それを避けるために厚いシャッターを下ろしてしまう。賀代さんも同じだろう。だからおたがいに、知りつくした相手の弱いところを鋭く突き、激しいバトルをくり返すことで関係を保ってきた、という構図が浮かびあがってくる。

故障車でスピード競争するように生きていた

下野さんは、車にたとえて説明してくれた。

「車にたとえると、自分は壊れている箇所の多い車なんですよ。なんでか。母親がいない家庭で育ったから、オイル交換もしてないし、部品もそのまんま。クラッチ盤はすり減ってほとんど走らない状態なのに、まわりの車と同じ猛スピードで走ろうとした。それでまわりの車とガーッと事故るんだけれど、あっちが誘発してきたからだと責任転嫁してしまう。修理工場で修理したらいいんだけど、頼んだら廃車になるという危機感があった。だって小学生のとき、『お母さんいなくて寂しいよう』って言っても、だれもわかってくれないでしょ。気がついたら、深刻な状態になるまで車を壊してしまっていたという感じですね」

このたとえは、下野さんの気持ちをじつによく示していると思う。賀代さんについては、どうとらえているのだろうか。

「賀代ちゃんの車は軽自動車なんですよ。等身大の自分のスピードで走ればいいのに、すごい馬力の車と張りあってみたりする。弁護士にならねばとか、親父の期待に応えねばといって、すごいスピードを出すから、事故を起こすんですよ。その賀代ちゃんに、おれは、自分の車が壊れてて、医者でもないからできないくせに、『おまえ、ブレーキパッド直したほうがいいよ。そのままだと事故るよ』みたいなことを言ってたんですよ。そうすると賀代ちゃんは『もっと直して』『もっと直して』って言いだして、こっちができないと、酒飲んだり暴れたりした。おれは甘えたことがないから、甘えてくる人のこころがわかんない。『そんなの自分でやれよ』『自分で考えることだろう』と返す。相手は頭にくる。そして最後におたがいにキレるという悪循環をくり返してきたわけなんです」

そのピークが、上野千鶴子さんと信田さよ子さんとの交流会だったのだ。

「前日まで、『ギター弾いてるのは、浮気するための道具でしょ』『女をひっかけるためにべてるに行ってるんじゃない』とか挑発してきて、家でずっと我慢してたんですよ。ストレスで、かなり被害妄想が入ってて、歌って帰ったらまたチクチクやられると思って、おれが家でこういうふうにずっとやられてるんだというメッセージを、みんなのまえでたたきつけてやったんです」

その後、八月に入ってまもなくのことだ。シェルターにこもって、自分をふり返る作業を続けていた下野さんのところに、七つ離れた二番目の姉から「今年のお盆はどうする」と、電話がかかってきた。

「こんどは姉ちゃんが調子をくずして引きこもり状態になってて。べてるの家の話をしたら、『そうだよね、べてるというのは、そういうところだったんだ』って、はじめておれのことをわかってくれたんですよ。それで姉ちゃんのところに行って、いろんなことを徹夜で話したら、ジグソーパズルの空いていたところが埋まったという感じかなあ……」

姉は弟に、これまでいちども語ったことがない父親のことについて話してくれた。

エンジンをふかしすぎず、自分のペースで

「じつは親父は若いときに、継母とうまくいかなくて家出したみたいなんですよ。高校を出て銀行に入社して、下積みからがんばって、営業面ですごい成績をあげ、役員にまでなったんです。親父は若いころから酒を飲んでは暴れて、だから結婚するときも、母方の親類から『こんな男に娘はやれん』と反対された。でも親父は押しの一手で結婚した。親父としては会社で偉くなって、家も買って、見返してやるという意識が強かったんじゃないですかね」

七歳も離れている姉が語る父親像は、下野さんにとっては意外なことばかりだった。

「姉ちゃんから聞いたんだけど、親父は若いころから、顧客の接待とかでも自腹切って、それこそ飲み歩いて、最後に行く店で浮気して、家に帰ってきて、ガラス割ったりして暴れる。だから姉ちゃんたちは親父を恐れていて、『お父さん帰ってきた、寝たふり、寝たふり』っていう家庭だったんだというんです。おれは小さかったから記憶ないけどね」

父親の借金についても姉は詳しく説明してくれた。

「最初は自分の銀行から借りていたけど、最後にはそれもことわられ、サラ金に手を出して、一億円の借金のうち三千万はサラ金の利子みたいですね。結局、亡くなったから退職金や生命保険がおりて、家を壊して土地も売って、個人から借りていたのはきっちりぜんぶ返して、サラ金の利子分は自己破産で始末したというんです」

姉から話を聞くまで、下野さんは、父親が亡くなったのは自分が大麻を吸ったりして病気になり、心配をかけたからだ、借金も、自分を専門学校に行かせてくれたり、罰金を払ったりしたためだとばかり思っていた。

「姉ちゃんの話を聞いて、自分は救われたと思ったんです。親父が亡くなったのはおれのせいじゃなかったというのもあるし……。二か月まえまで暴力ふるって暴れてたのは、親父が若いころ暴れてたのと同じなんだということがわかった。結局、べてるに来ても、親父と同じことをやってた。親父もおれも母親がいなくて、本音をしゃべることがなくて、というのが暴力につながってたというのがやっとわかって、空いていたパズルの埋めこみができたというか……」

下野さんにとっての父親は、仕事だけでなく、なんでもできる有能な人で、つねに「がんばれ、がんばれ」というメッセージを発信していたという。

「がんばれるのは、まず精神的な安定があってこそじゃないですか。その基本がないまま、がんばれだった。その基本がほしいために友だちとも遊んだし、騒いだりしたけど、うまくいかない。最近ですよ、やっと必要以上に人に愛想を振りまかなくなったのは。普通の人が幼少期や青年期にすることをまとめてやってるみたいな感じで、やっとほんとうの意味で歩くことができる準備ができた、自分のサイズにあう車が見つかった、みたいな感じですね」

車にたとえたら、降りていく生き方は、どう説明したらよいのだろう。下野さんの説明は明快である。

「壊れている車なんだから、エンジンを三千回転以上にしない。こまめにスタンドへ行ってオイル交換して、自分なりのスピードで走る。目的地に着くのは遅れるけれど、マイペース。ほかの人から『がんばれ』と言われても、絶対にがんばらずに、おれのペースを守るということじゃないですかね。いままでは、それができなかったんだということがわかりました」

仲間とのミーティングで言葉を獲得する

ミーティングでもほとんど話をせず、無表情のまま人の話を聞いている印象の強かった賀代さんが、いまは人が変わったように表情豊かになり、いきいきしている。「ちょっと私の話聞いて」と、ほかの人たちに自分の気持ちを言葉にして出せるようになった。会う人に「きれいになったね」と言われる。「自分をさらけだし、語ることができるまで二十六年かかりましたね」という賀代さんの言葉は、さまざまな問題を抱える家族にとってのキーワードだと思う。

自分が思ったり感じたりしたことを、そのまま言葉にできないからこそ、暴力や引きこもりなどのかたちで自分を出さざるをえない。そんな人とその家族にとって、この賀代さんの自分をとり戻す道筋は、希望をもたらす福音だと思う。それはまた、三分診療で、問題を抱えて訪れる人たちの話を聞く余裕がなく、たんなる薬の〝出し屋〟になっている現在の精神科医療に対するきびしい問いかけでもある。

「最近、考えているのは、三歳ぐらいの自分と大人の自分がつねにこころにいて、大人の自分が子どもの自分に、『おまえは強くあらねばならない』『こうであらねばならない』と言ってるんですよ。絵に描くとわかりやすいですよ」

そう言って賀代さんは、左に子どもの自分、そして右に大人の自分の絵を紙に描いた。

「ここに子どもの私がいて、ここに大人の私がいる。大人の私はいつも、子どもに『やめろ、そんなことするな』と注意したり、怒ったりしていて、許せない私なんですよ。でも、この子どもの私は『寂しいよ。こっち向いてくれる？　相手にしてほしい』と、不安な気持ちでいっぱいになっている。この子どもがどんどん自分のなかで大きくなっていく。そうすると、自分自身がどこかに行ってしまって、引きこもったり、暴れたりという病気の症状に走ってしまう感じなんです」

いままで避けて通ってきた自分を見つめてみると、なぜそうなるのかという問題も少しずつだが、考えることができるようになってきた。

「キレて暴れるときは、子どもがガーッと出てくる。だから見た目は大人だけど、ほんとうは私のなかには子どもしかいなくて、ムチャクチャなことをして、『わかってくれよ』と、道端で子どもが寝ころんで駄々をこねているのと同じ状態だ、ということがわかってきたんです」

自分を語ることができなかった賀代さんが、これほどはっきりと語ることができるようになったのは、毎週一回、火曜日の午後六時半から開かれるSAミーティングのおかげでもある。

精神神経科を退院したメンバーたちにも、自主的に集まって、自分たちの問題を語りあう場が必要ではないか。そんな提案が、メンバーのひとり、清水里香さんから出されて、二〇〇〇年八月から始まった。毎回、十数人が集まる。アルコールや薬物依存の自助グループと同じ仕組みで、アメリカの一部ではすでに精神障害をもった人たちがSAを結成している。

そうした自助グループがミーティングで使っている「回復のためのステップ」を参考に、べてるの家独自の八つのステップをつくり、それをもとにミーティングは進められていく。

たとえば、ステップ1は「私は認めます」というのがテーマ。「私には仲間や家族、さらには専門家の必要なことを認めます。私ひとりでは回復できません……」といったことが書いてあり、集まったメンバーはミーティングで、そのなかの「仲間の力」をテーマに、自分の思いを語っていく仕組みである。批判や討論はダメ。ただ仲間が語る言葉に耳を傾け、自分の体験と重ねあわせながら、自分を見つめていく、そんな場である。

「自分を見つめ、語ることができるようになったのは、SAの存在が大きかったですね。勧められて出ても最初は、おもしろくない、いつも自分を責めて、自分なんてほんとうにダメな人間だとしか思えなかったんですよ。困っている姿を人に見せたくない、自分の問題に直面したくなかった。自分がどうしたいかがほんとうに見えてなかったんでしょうね。だからステップにそって話をしようとしても、なにも出てこない。なにも言いたいことがなかった。それがだんだん、自分はこう思って、こういうふうにしたいんだと言えるようになってきたんです。いまはSAの場だけでなく、どんな場でも、とりあえず困っていることがあったら、みんなに言う癖がついてきました」

自分と和解し、語っていきたい

SAのステップ5の「私は許します」は、賀代さんにとって大きな励みとなったという。つぎのようなことが書いてある。

――私は、いままでしてきた自分の過ちを許し、弱さを受け入れます。同時に、私は、私をいままでさまざまな方法で傷つけたり、害してきたあらゆる人たちを許します。そして、私自身をそれらのとらわれから解放します――

「やっぱり小さいときに、こういう自分がいて、それでいいんだということを思える状態でなかった。小学生のときもそうだし、中学ではきびしい寮生活に入って、子どもの私に大人の発想が植えつけられたというのがあって、子どもでいていいんだと思えない。そういう自分を許せなかった。それがSAに出て、『私は許します』というステップで、ああ、これだと思ったんですよ。そのわがままで、すごい気まぐれで、泣き虫の子どもの自分を許す作業ができたら、自分のなかで大きくなりすぎて、悪いことをいっぱいして、コントロールがきかなくなってしまうイヤな自分とも仲よくやっていけるんじゃないかと……」

賀代さんが見たくない、直面したくない、許せない自分とは、どんな自分だったのか。

「いまはもう消えたんですけど、自分は汚いと思っていた。気持ち悪い、死にたいと、私、ずっと思っていたんです。すごくよく覚えているんですけど、小学校のときに、廊下の階段の鏡で自分の姿を見たとき、『ウワッ、気持ち悪い』と思ったんです。それからは笑っても気持ち悪いし、しゃべっても気持ち悪いし、なにしても気持ち悪いというのがずっと消えなかった。小さいころに父から『おまえの友だちの、あいちゃんはかわいいのになあ』って言われたりしたのが、いつのまにかすり込まれて、自分で自分に暗示をかけていたというか……。それが自分を語ることができるようになって、だんだん消えていく感じなんです。死にたいという気持ちがなくなったとき、ああ、消えたんだと思って……。それから自分の姿が気持ち悪いという思いも、だいぶ消えました」

だが、なかなか消えないのが、父親からの呪縛だ。

「父がなってほしい人間にならなきゃいけないという思いは、一生ついてまわると思うんですね。いままでさんざん、父の求めてる人間とは反対の道を行こう、と何回もしてきたんですよ。中学のときにイギリスに行ったのもそうだし、登校拒否も授業妨害もそうだし、父の行ってほしくない高校に行ったし、どんどん逆なことをしたんですけど、ふっと、これじゃいけないと思って、何回も父の言う道に連れ戻されてくるんですよね。ネパールに行ってもそう、なんか引力のような、大きな太陽のような父に引きつけられるというのがあって、その呪縛がいつ解けるかはナゾなんですけど……」

二〇〇二年九月中旬に、父親と母親がはじめてべてるの家を訪れた。一か月まえから賀代さんは緊張して、ぴりぴりしていた。

「父が浦河に来て、私を引き戻しにかかるかもしれないという恐怖感があったんです。でも父はなにも言わなかったんです。母は『お父さんは肝臓も弱っているし、もう長くないよ』と言うんです。いまは、父が私のことをわかってくれなくて当然だ、私が父をどれだけ理解してあげるかでいいんじゃないかと思うようになりました。『おまえはこんなやつだからダメなんだ』って言われたからといって、父に言い返しても、しようがない。父は変な育て方をしたんだけれど、それでも、こうやって私はしあわせになれたからいいんじゃないかなって……。向谷地さんは『ダメな親でもいい社会ができることを目指す。受け皿がある社会だったら、ダメな親でもいい』って言うんですね」

ＳＡの最後にあるステップ８「私は伝えます」は、浦河独自のステップである。

――私は、精神障害という有用な体験を通じて学んだ生き方を、メッセージとして仲間や家族、そして社会に伝えていきたいと思っています――

「それが最後にあるのが大きいと思ってます。自分のことを語ることはすごくむずかしいんだけど、私が語ることによって、なんらかのかたちで救われる人がいるということは、すごく大切なことだと思います。私が人から伝えてもらって助かったぶん、伝えていくのは私の役割だと思っています」

これで一件落着かと思っていたが、べてるの家では、そうはいかないのである。

二〇〇三年一月末、東京で開催された研修会に、寛さんとともに講師としてやってきた向谷地さんに会った。

ふたりの状況を聞いたら、二〇〇二年十二月末から引きこもりのさいちゅうだという。

「これはみんなが通らなければならないつぎのステップなんですけれど、病状が悪かったり、ケンカが絶えなかったりというエピソードは、往々にして自分の本質的なテーマから目をそらすための力としてはたらくんです。みんなに相談して『困った、困った』と言われたり、同情されたり、だれかが駆けつけたり、ということが、逆に意味があるわけですね。もちろん本人にとってはつらいことですが。そういうことが落ち着いて解決していくと、そこにほんとうの苦労や宿題が待っているわけです」

「大学に入るために一生懸命、勉強して合格したとたん、無気力になって五月病になるようなもので、下野さんと賀代さんはいま五月病ですよ。それはくり返し、くり返しやってくるんです。一年生になったとたん無気力になり、もう一回、そこでテーマを見つけてがんばって、やっと二年生になる。と思ったら、つぎにまたなにかがくる。節目節目に、ある種の無気力がやってくるんですね。でも、それがべてるでは〝順調〟ということ。順調、順調です」

べてるの家での〝回復〟というものは奥が深く、私たちがつくりあげてきた既存のものさしでは計れないところに、大きな意味とよさがあるのである。

Ⅳ章

しあわせは私の真下にある

「治る」よりも豊かな回復

襟裳岬から宇宙船に乗ります

ゴージャスな入院への処方せん

「私は精神科医なのに、残念ながらメンバーたちのあいだで起きるいい場面には、なかなか立ち会えないんです。みんなあとから話で聞くか、映像で見るしかできません。それを我慢して、じっと耐えなければならないのが、精神科医としてつらいところですね」

浦河赤十字病院の精神神経科部長である川村敏明さんは、講演ではいつもこんなせりふを、冗談めかしてくり返す。べてるの家の特色は、精神科医とソーシャルワーカーがメンバーたちと車の両輪となって、さまざまな活動を展開していることにある。

自分が診察している患者がひき起こす決定的な場面に立ち会えない、という川村さんの言葉は、ほんとうかなと疑問に思っていた。しかし、べてるの家では精神科医抜きで、メンバー同士のケアが行なわれているという象徴的な場面に、偶然にも私自身が立ち会うことができたのである。

それは二〇〇二年一月十七日、木曜日のことである。その日は午後の取材の予定は決まっていなかった。コーヒーでも飲もうかと、喫茶店「おはなしや」に向かって歩いていた。午後三時ごろだったと思う。病院の方向に急ぎ足で歩いてくる河崎寛さんにばったり出会った。彼は、「いま、一郎さんの個人カンファレンスをやってます。行きましょう」と誘ってくれた。

なにが起きているのか説明を聞く余裕もなく、寛さんのあとを追いかけるようにして着いたところは、浦河赤十字病院四階にある和室の部屋だった。

入ってみると、顔なじみのべてるの家のメンバーが十数人、集まっていた。みんなの視線がひとりの男性に集中している。よく見ると、二か月まえにやってきたばかりの川口一郎さん(三十一歳・仮名)が緊張した面持ちで正座している。なにか問いつめられているのかと思ったら、そうではない。一郎さんが真剣な顔で説明するたびに、メンバーは腹を抱えて笑っているのである。

一郎さんは大学院を卒業後、大手企業に就職。五年間、情報システムの管理を任され、休日もない過酷な生活を続けて発病、二〇〇一年十一月にべてるの家にやってきたのだった。最初は、なにかを話そうとしても、ただ口をモグモグさせるだけで言葉も出ない状態だったが、この一、二週間まえから、ミーティングで自分の状態を説明できるまでに回復していた。

その一郎さんに、いったいなにが起きたのだろう。私はすぐには状況が把握できなかった。

やがて会話のやりとりから、襟裳岬に宇宙船が到着して、職場にいた片思いの女性がそれに乗船していて、「私といっしょに宇宙船に乗って、宇宙旅行に出かけよう」という誘いの幻聴を受けていることがわかった。メンバーたちがなんとか思いとどまらせようと、必死になって説得しているのだった。浦河から襟裳岬までは約四十五キロ。東京から横浜までの距離だ。道路は前夜の雪が溶け、夕方から夜にはテカテカに光るほど凍って、スリップしやすい危険な状態にある。「車でも三時間はかかるよ」「遠いし、スリップして車は危険だから、浦河の潮見の丘から見送ったら」と、メンバーがつぎつぎに危険だからと言うのだが、一郎さんは「早く車を出してください」と訴えている。

私にとって、幻聴に左右されている状態を目の当たりにするのははじめてだ。一郎さんは、聞こえている幻聴をそのまま口に出して、みんなに伝えている。

「われわれもいっしょに乗っけてくれるの?」と、下野さんが聞く。

「はい、何人か来てほしいんですけど、宇宙船の定員はふたりなんで……」

「だれが運転するの?」「オート運転?」

「ぼくが運転するそうなんで」

「でも、宇宙船の免許証ないんでしょ?」

「免許証はいらないって言ってます」

突拍子もない質問がとびだすたびに、メンバーたちは腹を抱えて笑っている。一郎さんはイヤな顔ひとつせず、真剣に質問に答えている。

「無免許だと警察に捕まるよ。おれ、聞いたんだけど、二回ほどUFOが無免許で捕まってるって」

「ぼくに来てるの（彼女の声）は、『きょうじゃなきゃダメだ、わかってるんでしょ。早くしなさい、みんなにだまされたらダメよ』って言うんです」

「襟裳岬はとがったかたちの岬だけど、宇宙船はうまく着けるんだろうか」

「かたちは問題じゃない、と……」

「宇宙人の言うことはちがうね」

「ぼくも宇宙人だそうです」

「えっ。ほんとう」

なにか、寄席で漫才のかけあいのたびに笑いが起こる雰囲気に似ている。

幻聴と被害妄想に悩まされつづけてきた清水里香さんが、自分の体験を語る。

「幻聴さんって、よくも悪くも、すごく魅力的なんだよね。だから怖くて、恐ろしかったりすることも含めて、すべてに最優先され、興味のいちばんの対象になっちゃうのね。私ものめり込んだときは、ほかの人の意見を聞けなかったし、それがすべてだったもんね」

川村さんが言う「いい場面に立ち会えない」というのは、このことだろうと思った。川村さんも、ソーシャルワーカーの向谷地さんもいない。べてるの家のスタッフをしている向谷地悦子さん、そしてソーシャルワーカーの伊藤恵理子さんもいっしょになって笑っている。

メンバーは、宇宙に旅立とうとする一郎さんを引きとめる

こんなメンバーの引きのばし作戦が功を奏し、二時間以上もたった。外は真っ暗だ。だが、一郎さんはあきらめていない。悦子さんが妙案を出す。

「いつも宇宙船とコンタクトしている四日市さんに相談してみようよ。彼女だったら、いいアドバイスしてくれるよ」

そこで一郎さんはじめメンバーたちは、四日市さんの住む共同住居に車で移動。ふたたびミーティングは続行となった。四日市さんは、宇宙船からの声を幻聴でつねに聞いていて、その指示で、にぎりの上寿司を十人分注文したり、ケーキ三十個を頼んだりというエピソードに事欠かない。

「四日市さん、どうですか、調子は?」

「きょうも宇宙船待ってるんです。いっこうに来ないし、怒ってるんですよ。なんの楽しみもないからって」

「一郎さんが宇宙船に乗らないかって誘われてるんだけど、四日市さんだったらどうする?」

「私、乗りたくないもの。おっかなくて」

同じような調子で、メンバーと一郎さんとの軽妙なやりとりが、応接間で続けられていく。それから一郎さんは、携帯電話で母親に電話した。

「あ、もしもし、一郎です。いまから、襟裳岬から宇宙船に乗ってきます。おみやげいっぱい持って

帰るからね。あ、ちょっと、いまからこちらの人が……」

悦子さんが代わって、「安心して連絡を待っていて」とフォローを入れる。そんなこんなで一時間が経過。やがてころあいを見はからった悦子さんが話しかける。

「一郎さん。顔色、だいぶよくなってきたわ。どう、幻聴さん続いてる?」

「いや、いまはありません」

「でも、襟裳岬に行けないとすると、このまま夜中から明日の朝まで、『来い、来い』という幻聴さんとつきあっていかなきゃいけないとなると、つらいと思うんだよね。このまま襟裳岬に行ったほうがいいか、それとも病院に行って〝川村宇宙センター〟で休んだほうがいいか、多数決とってみようか」

決をとったら、メンバー全員が〝川村宇宙センター〟行きに手を挙げた。

「うれしいんですけど、早く行かないと。きょうしかないと思うのでやらせてください」と言う一郎さん。「襟裳岬に行くにも私たちの車じゃダメだから、川村先生の軽トラを頼むね」と悦子さんは言い、川村さんに連絡する。病院まで伊藤さんの車に乗せてもらうことにしたら、と一郎さんに伝え、午後七時まえ、ミーティングは終了した。

川村さんがどう一郎さんに対応するのか見たい、絶好のチャンスだと思い、私も同乗させてもらって、一郎さんとともに病院へ。

二階の医療相談室に着いたら、すでに川村さんが待機していた。一郎さんに笑顔で話しかける。

「いやあ、ご苦労さん。みんなに相談してくれてよかった。みんな、いいアドバイスをしてくれたでしょ。宇宙船では苦労した人、この町にたくさんいるんだわ。だまされて大けがした人もいたりしてね。そのことが医者として心配ですね。だから当分は、ちょっとドクター・ストップだ。きょうね、外来に来たとき、すごくいっぱい泣いてたでしょ。感情的に大きな波のなかにいるんだなあと想像っいたけど、話しあってくれる人がいたからよかったね。すばらしい経験できたけど、放っといたら、ちょっと怖い」

笑顔で話しかける川村さんの言葉に「はい、そうですね」と、一郎さんはうなずいている。

「一郎さんの苦労をよくわかったうえで、メンバーのみんなからアドバイスがあったと思うんだけど、こういうときは〝ドクターにお任せ〟のタイミングです。ご苦労さん。すばらしいタイミングで、みんなが相談にのってくれたんだね。聞くところによると、宇宙船の運転免許を持ってないということで、あやうく無免許運転で事故を起こすところだった。ハハハハ。よくあるんですわ。無免許運転で事故起こすことは……」

「宇宙船を通じての声とか幻聴がいっぱい来て、一郎さん本来の考えが混乱させられている状況だと思うんだけど、つい魅力的なことに囚われて、あとで考えてみると、判断がずれちゃうことがある。そういう苦労だけは、みんないっぱいしてきてるから、一郎さんにいいアドバイスをしたと思うよ。ぼくも聞きたかったなあ。きょう一日、すごくだいじな一日だったたね。ほんとうにご苦労さん。ここ数日の苦労を無駄にしたくないし、無駄にならないように、というのがみんなが考えることで、先生も考えることなんだ。よし、一郎さん、病棟へ行こう」

一郎さんは、川村さんといっしょに入院病棟へと歩を進めていく。長い一日が終わった。

すばらしい、最高の入院をしたね

翌日の朝十時すぎ、川村さんに会った。

「いやあ、きのうは横川さん、いい場面に立ち会いましたね。ぼくも見たかったなあ。じつはきのう、家族が『整形外科に入院するから』とだまして連れてきて、精神科に入院になった人がいたんです。一日に、最悪と最高の対照的な入院があった。片方はべてるの家という下地のなかで起きたこと、もう一方は無関係のなかで起きた。ゴージャスさがちがうんです」

これまで日本では、精神病院に入院するのを拒否すると、注射を打たれたり、ぐるぐる巻きに拘束されたりして入院となったケースが少なくない。精神病棟は恐ろしい、怖いところというイメージがあるからだ。私が前日体験した入院の場面は、それとはまったく逆である。こんな場面が全国の精神医療の現場でも見られるようになるのは、いつになるのだろうか。

前日の夜、一郎さんは川村さんといっしょに入院病棟に着くと、ナース・ステーションで再度、川村さんから説明を受けたという。

「きょうはみんなと話しあいを重ねて、いい一日だったね。ぼくも宇宙船に乗って行きたいんだけど、きみには重大な欠点がひとつある。なにかというと、宇宙船の免許を持っていないことだ。この〝川村宇宙センター〟には、宇宙船に乗りそこねて失敗した人がいっぱいいる。みんなここで免許をとって巣立っていったから、ここに入れば、襟裳岬に行ける資格がとれるんだよ。今回は、みんなの話も聞いて、自分の気持ちも聞いてもらって、そのうえでの入院だから、すばらしい、最高の入院なんだよ。これでべてるの仲間になったというか、ある種の大人になった、一人前になった、そういう体験なんだね。これはすごい一日だよ。これを浦河では民主主義と呼ぶんだよ」

一郎さんは「民主主義」という言葉にハッとした顔をして、「あ、これが民主主義なんですか」と言ったという。

「こういう入院をすると、本人も安心できるんです。メンバーたちが自分の体験を話す。それで一郎さんが、なにがいま、いちばん大切かを真剣に考える。まわりのメンバーたちも、それまでの自分の過去の体験が役立ったと感じる。これが大きいんですよ。どっちが助けてるのか、どっちが助けられているのか、相互性ですよね。おそらく一週間か十日の短い入院になるでしょう。その間、入院の日の場面をみんなで思い出して、なにがよかったのかを入院中のカンファレンスでもう一回、話をしてもらう。そうすると、あの病的な体験をとおして、いっそう人間関係が親しいものになって、あの出来事があってよかったというところにもっていけるんじゃないかな。そういう支えあいの暮らしが、浦河の町でできていることを確認しあうことにもなるんですね」

川村さんの話を聞いていると、医者はたんに症状を投薬によって和らげたり、消したりするのではなく、病気を抱えた当事者が自分自身で、どういう人間関係を築いていったら人間らしい生活が送れるようになるかを考えられるように、さまざまな配慮をしているように思える。

じつは、この時点では、カンファレンスという言葉をなにげなく聞き流していたが、それが大きな意味をもっていることが、あとでわかってくるのだ。

「治せない医者」の真意

「私は二十年まえは、病気が治り、苦しみがなくなれば、精神病の人たちがしあわせに近づけるだろうと単純に思ってました。問題がないように、病気が起きないように、毎日を静かに、迷惑かけないで暮らす。それが、医者からみた期待される患者の姿でした。つまり医者が『正解』をもっていて、それに近づけるのが医者の役割だと思っていたんです。ところが、ソーシャルワーカーの向谷地くんに出会って、考え方を変えさせられたんです。彼は医者を鍛えてくれるワーカーで、単純に病気を治すという役割だけでは許してもらえない。いろんな宿題を私に出してくれたんです」

最初にショックを受けたのは、向谷地さんが川村さんに「先生、精神障害者という人たちには、いろんな問題が起きないとダメですよ。彼ら自身が問題と出会って、失敗して、問題が自分の生きていることと結びついていると実感しないといけませんね」と、医者としての発想の転換を迫ったことだった。

「当時、私も駆けだしの医者で、よくわかっていなかった。でも、だいじなことを言ってるなというのは理解できたんで、『うん、そうだね』と返事はしたけど、そのことを二十年かかって確かめてきた感じですね。そういう点では、私はひじょうに素直に学ぶ精神科医です。だいじなことなら、どんな人からでも話を聞くのが、精神科医としての私のポリシーですね」

向谷地さんの直言を受けて、診察を受けにくる患者さんたちを観察してみると、家族をはじめさまざまな関係者がかならず出てきて、障害をもった当事者をそっちのけにして、ことの解決に当たろうとしていた。当事者はいつも除外されてしまうのである。

「それがですよ。二十年たってみたら、この二月に発足した『社会福祉法人　浦河べてるの家』の理事長には、七年間入院していた佐々木実さんがなり、早坂潔さんが常務理事になり、被害妄想に悩まされていた清水里香さんが事務局長になった。そういう精神障害をもった当事者が、社会福祉法人の役員に就任するというのは、日本ではじめてのことですね。二十年まえには考えられなかった、想像もできなかったことが浦河では実現したんです」

とはいうものの、そうなるまでの二十年間は、毎日が川村さんにとって、「治すのがいい医者」という呪縛から脱皮するための、自分との闘いであった。

「精神病というのは当然ながら、医者にとってけっして全能に振る舞えない領域なんです。残念ながら治せない人がたくさんいる。それでも私はひとりの無力な精神科医として、彼らのまえに存在しつづけなければならない。統合失調症の清水里香さんが、『病気が治らないまま、症状がいまも続いているなかで生きつづけて、なおかつ、そういういまの自分がいいと、肯定的に自分を見られるようになった』と言ってますが、私もいろんな現実の課題に直面しながら、治せる、解決できる医者ではないという現実に向きあわざるをえないんですね。この無力な自分に、肯定感をいかに自分自身で与えるかが、私のテーマであったような気がしてますね」

川村さんはどこへ行っても、自分自身を「治せない医者です」と言い、「治すことばかりにこだわらない医者です」と強調する。病気を治すのが医者の役割なのに、あえて「治せない」と宣言するところに、浦河という地で培われた精神病への新しいアプローチに対する自信を感じさせる。

「治せないことを棚に上げて、精神科医はしばしば、『専門家である医者の言うとおりにやればいいんだ』と、強がるんですね。そんな一見、力強い精神科医をたくさん見てきましたし、私もかつてはそうだったんですが、あれはなんなんだろう、と。精神病の人たちが自分の症状とつきあいながら一生懸命暮らしているのと、私自身が自分のテーマと日々向きあっている姿勢は、同じではないかと思うときがあります。私は彼らから、自分自身とどう向きあえばいいかを学ばせてもらっているんです」

先生、そんなに治さなくていい、気楽にやれ

浦河に赴任した二十年まえは、多くのアイヌの人たちがアルコール依存症に陥っていた。精神病よりもアルコール依存症とのかかわりが、仕事の大半を占めていた。そうした依存症の人たちとのかかわりのなかで学んだことは、医者が治せる、治してやると意気込めば意気込むほど、空回りしてしまう、ということだった。

依存症の世界は、医者が治してやるということが通用する世界ではなく、まったく無力であると悟ったときに、当事者が回復への道を歩みはじめるという、不思議な現実を突きつけられてきた。その依

存症治療での体験が、じつは精神病の世界に通用するだけでなく、大きな威力を発揮することを知ったがために、あえて「治せない医者」を標榜しているように見える。

「ぼくが治せないと言うまえに、いろんなミーティングやカンファレンスで、ベテランのメンバーが新しい患者さんに、『へェー、あんた治してもらいにきたの。ダメだわ。この先生、治せないよ』って、そばにいる私のまえで平気で言うんですね。言われた私はギクッとするんですよ。でも、だんだん時間がたつにつれて、みんな穏やかな顔になっていく。そういう治せない医者をもった人たちが、じゃあ、自分たちはどうすればいいか、どう生きていくのかについて、医者にばかり期待しない。医者にすべてを期待することの虚しさ、現実味のなさに気づいていくんです。だからこそ、治せない医者といっしょに、治っていない自分を笑える。べてるの家は笑いの多いところでいいなと思います」

「私自身の転落の二十年は心地よくて、いまも全国をまわって、転落の勧めを説いています。私はメンバーからよく言われます。『先生、そんなに治さなくていいんだ。気楽にやれ』って。私は日々、彼らからカウンセリングを受けているんですよ」

入院した一郎さんも、同じような試行錯誤をくり返しながら、自分のあらたな道を見つけていくのだろうか。

「一郎さんはあの入院の日の昼間、外来に来て、『じつは薬をやめているんです』という話をしていた。なにか彼なりの考えがあったのか、『薬を飲むという甘ったれなやり方ではダメで、よりきびしい状況に自分を追いこんで、そのうえでがんばるということじゃないとダメだ』と訴えていました。ここに来て二か月ですから、ここが自分にあっているという感じには、なかなかならないのが自然ですよね。彼が歩んできた輝かしい人生からすれば、ほんとうに転落ですから。人生の価値観を根底からひっくり返すという作業ですから、そう簡単にはいかないと思いますよ」

友だちが増える病気

メンバーの説得と励ましのなかの入院

一郎さんが入院してから一か月半たった三月五日、べてるの家で一郎さんに会った。血色もよく、元気にメンバーたちと談笑したりしている。だが、話を聞いて驚いた。前日の四日に退院してきたばかりだという。あれからそのまま一か月半も長期入院していたのかと思ったら、いちど退院して、九日目の二月二日に再入院、それから一か月ぶりに退院したのだという。

川村さんの予測したとおり、自分の道を模索する葛藤を、一郎さんは続けているのだった。

宇宙船騒ぎの状況を一郎さん自身は、覚えているのだろうか。

「よく覚えてますよ。あのときは、『早く襟裳岬に来なさい』という幻聴さんにこころを奪われていたけれど、みんなの応援に助けられたんです。襟裳岬に行こうと必死になっているぼくに、みんなはつぎつぎと質問してきて、ぼくを引きとめようとしてくれたんです。しかもその引きとめ方も、『宇宙船なんてあるわけないじゃん。ばーか』というような、個人を否定するような発言はなかったですね。受け入れてもらったという安心感のあるミーティングだったんです」

浦河に来るまえは、心療内科で鬱病との診断を受け、薬を飲みながら出勤した。会社で周囲の人に「おまえは能力がないんだよ」と言われたり、現実と被害妄想との区別がつきにくい状態に陥っていく。心配した一郎さんの母親が知りあいに相談、べてるの家を見学するというかたちで浦河にやってきたのだった。会社は休職あつかいにした。

「浦河に来たときは言葉が詰まって素直に出てこない状態で、『言葉のフン詰まり』と言われて、それを治すにはここで暮らすしかないと言われたんですね。向谷地さんに『ここに来れば治るんですね』と聞いたら、『来たら治るとか、そういうもんじゃなくて、人の輪のなかに入っていかないと治らないよ』と言われましたね。おかげでいまは自由にしゃべれるまで回復しましたけど」

宇宙船騒ぎで最初に入院したときは、病院は共同住居とちがって静かで、寝心地もよく、気持ちのいいところだと思った。ところが、退院して共同住居でふたたび生活を始めて、パニックになる。

「朝晩かまわず、だれかが起きている。戸をバンバン閉めるとか、冷蔵庫の食いものがなくなるとか、慣れているつもりだったけれど、自分が食べるつもりで入れておいたものがなくなると、ショックで……。二月一日はべてるの家が法人格をとった日で、いつもはふだん着の早坂潔さんや佐々木実さんが、スーツを着たんです。まえの晩から隣の部屋の人が、夜中に急に笑ったり、ひとり言を言ったりしているのを聞いて不安になっていたところに、そんな姿をはじめて見たので、ヤクザみたいに怖いと思って、急に家に帰りたくなったんです」

荷物をまとめて実家に送り、近くのホテルに一泊。翌朝、高速バスに乗ろうと思っていたら、心配して駆けつけたべてるの家のメンバーの説得によって、二回目の入院となった。

「二回目に入院したときに、先生や看護婦さんのほかに、早坂潔さんや佐々木社長などメンバーも参加して、ぼくのためにカンファレンスを開いてくれたんです。『いきなり東京へ帰るとか言ってたけど、いきなり言うんじゃなくて、事前にSOSを出すようにしようね』と。それも学校の先生が教え子に『こうしなさい』と言うようなかたちではなくて、当事者も先生も交えた場で、メンバーが、『おれの入院のときはこうだったから、つらかったんだ』『事前にアピールできれば、もっと楽になれるよ。だから無理することないよ』と体験を語ってくれる。それを聞いて、ああそうなんだと気づいたんですね。これが一回目のカンファレンスでした」

一郎さんの話を聞いて驚いたのだが、浦河では入院した人に対して、たんに医者が診察をし、指示するだけではない。当事者やメンバーも参加したカンファレンスを開いて、〝自分の助け方を学ぶのを手助けする〟ためのシステムをとっているのだ。川村さんが口にしたカンファレンスとはこのことなのだと、再認識させられた。

つらい、苦しいって言っていいんだ

カンファレンスは原則として、入院時・中間時・退院時と三回行なわれる。退院時のカンファレンスでは、川村さんが退院させたいと判断しても、受け入れる共同住居のメンバーが「まだ時期が早い」と反対して延期になったり、逆にメンバーの要求で退院を早めたりしたこともある。それほど当事者性を重視しているのである。

一か月の長期入院で一郎さんは、はじめてさまざまなことを考えたという。

「最初来たときは、共同住居の人はみんな同じという感じだったんですが、一人ひとりみんなちがうということがよくわかってきましたね。早坂潔さんはリーダー役で、家のなかでゴタゴタが起きたり、騒いだりしたら、率先してとめに入る。食い散らかしているのを片づけるのは井向さん、潔さんはそれが苦手で、料理をつくるのは高橋さん、食材を買いにいくのが服部洋子さん、一日なにもやってない人が岡本さんと滝さんで、まわりの人がサポートしているんですね。潔さんや佐々木社長が根気よくふたりのために食事の準備をしてあげたりとか、おかげで共同住居が家として成り立っているんだなあと」

それまで働いていた会社の職場とは正反対な世界があることに気がついたという。

「ここに来るまでは、つらいときには、ひとりでがんばらねばと思ってたんですね。自分の弱いところを見せたら、あいつは使えない、ダメだというレッテルを貼られて、排除されてしまう。だから人に弱みを見せないで、つねにベストな手法を選ぼうとする環境のなかにいると、人を大切にしようとか、弱さを大切にしようとかとは、なかなか言えないんですね」

「自分の思いや気持ちを言葉にすることが、回復につながっていくんだよ」と、川村さんがくり返していた言葉についても考えた。

「ここでうれしかったのは、自分のつらさを言葉にできること、うれしかったこともスラスラ言えるようになったことなんです。これを言ったら人にバカにされるとか、気をつかわずに、すんなり言えるようになった。それは弱さを受け入れていくことと無関係ではないんですね。ぼくの隣の部屋にいる早坂潔さんが、いきなりドアを開けて『きょうは、おれは調子いいんだ、ワハハハ』と言って帰っていく。そういう人と暮らしていると、一生懸命、弱みを見せまいとして暮らすのがバカらしくなったというか……。でも、会社では、それができなかった。飲み会のときにヘラヘラしゃべるのは上司の愚痴だとか文句が多い。つらいんだなんて言おうものなら、あいつはやる気がないという感じになる……」

入院中には、人間一人ひとりのもつ役割についても考えさせられたという。

「みんな役割があるなかで、役割がなくなってしまってもいいのかなとずっと考えてました。べてるの家の人のなかには、ひとりで放りだされたら食事も満足にとれないような人たちがいる。ほんとうにひとりきりになったら生きていけない人たちだから、いまはいいけど、こんど、どうなるんだろうと思うと不安になる。入院中は、そんなことばかり考えてました」

そんなことを思いめぐらしていると、自分の問題に考えがおよんでくる。

「このままここで寝ていていいんだろうかとか、会社で経験したさまざまな人間関係のつらさを思い出したり……。自分はなんであの仕事を選んだのかな、から始まって、ほんとうにやりたかった仕事はなんだろうと、生まれてからこれまでのことを考えてみて、仕事人間になっちゃったなあ、とりあえず仕事人間はやめようと、ずっと、そんなことばかり考えていたんです。片思いの彼女のことも、よく考えてみたら、こりゃあ、無理だ、ダメだとわかって、だんだん落ちこんでいったんです」

そんな一郎さんの落ちこんだ状態を把握して、二回目の中間カンファレンスが三月一日に開かれた。川村さんのほか、佐々木実さん、早坂潔さん、本田幹夫さん(三十一歳)など、メンバーが九人も顔をそろえた。

SOSを出せるのがつぎのステップ

「二回目のカンファレンスはメチャメチャに落ちこんでいたときで、カンファレンスのまえに川村先生が、『一郎くん、追いかける恋ではなくて、待つ恋というのもいいもんだぞ』とやさしく語りかけてくれて、自分のかんちがいに気づいたんですね。カンファレンスでは『みんなまわりにいるから、安心していいよ』と言ってくれて、早坂潔さんが『調子悪くなったっていいんだ。みんな同じように苦労しているんだから、おまえだけじゃないんだぞ』と励ましてくれたのを覚えてますね」

そして、退院当日の三月四日。最後の退院時のカンファレンスが開かれた。この日の参加者は川村さん、向谷地さん、看護師さん、そしてメンバーとしては本田さんひとりで、人数はいつもより少なかった。

「川村先生が『今回の入院で初級を卒業したよ。早坂潔が十七年間かかっているのに、これだけの短期間で初級を卒業したのはすごい』とほめてくれたんです。そして、『たぶん、この一か月の入院で、いろいろ得るものがあっただろう。カンファレンスをしたときに、まわりからサポートされている力を感じることができたよね。それで自分の思いを言葉にする、話ができるようになったのが、今回のいちばんの成果だね』と。たしかに多くの人の力で回復できた感じなんです。入院中は、SAやSSTにもいつでも気軽に参加できたし……」

川村さんは、初級から中級編に進むにあたってのアドバイスを一郎さんに与えた。

「川村先生から、『これからの中級編では、早坂潔みたいに、調子が悪くなったら自分で、一週間入院するぜ、とか、自分で自分の体調を把握して、まわりとのコミュニケーションをとり、SOSを出せるように。人のいいところもわかるようにがんばってね』と言われたんです。そういう生き方もあったんだ、会社で人の評価を得るだけじゃない、人の痛みを感じられる生き方をしている人たちがいるんだな、ということが三回目のカンファレンスでわかって、先生との一対一で言われるのとは違う、ワイワイやってサポートしあうのがカンファレンスのよさだと思いました」

最後に、本田さんが薬を飲むことの大切さを強調してくれた。

「カンファレンスで本田くんが、『薬はぜったい大切だよ。薬を飲まないでいると、調子が悪くなるよ』というアドバイスをしてくれて、薬はきちんと飲もうと思って退院してきたんです。そしてきょう、出てきたら本田くんの姿がない。どうしたのと聞いたら、『彼は薬を飲まなかったため、悪魔に襲われるいつもの被害妄想になって、きのう、きみのカンファレンスのあとに入院したよ』と言うんです。えって、ほんとうにびっくりしました」

本田さんはまさに身をもって、薬の大切さを一郎さんに教えたのだった。

どんなに病状が悪くても、きっと大丈夫と思える

試行錯誤をくり返しながらあらたな生き方を見つけだしていくメンバーと同じように、浦河での川村さんも、試行錯誤の連続だったにちがいない。なかでも川村さんにとって、決定的な役割を果たしたのが松本寛さん(三十歳)である。川村さんは語る。

「松本寛さんがどういう経過をたどって回復していったかということが、どれだけまわりの人たちに自信を与えているか。スタッフはじめだれもが、どんなに状態が悪い人を見ても、『松本寛にできたんだから大丈夫。よくなるわ』というすごい自信と信頼感をもつことができたんです」

私が松本さんに出会ったのは一九九八年十月、はじめて浦河赤十字病院の医療相談室を訪れたときのことだった。

向谷地さんは、事前に取材の時間を打ちあわせていたのだが、なかなか現れない。そんなときに初対面の私のまえに座って、いろいろと話しかけてきたのが松本さんである。

「ぼくが最初に行った病院は、札幌のススキノにある『病院』という名前のソープランドだった」とか、「女性とセックスすると、神様のバチがあたって、ぼくの病気はひどくなるんだ」とか、冗談なのかほんとうなのか見分けがつかないような話をして、私の緊張をほぐし、向谷地さんが現れるまで上手に応

対してくれたのである。

　彼は一九九四年十一月に統合失調症で救急外来を受診。その後、九六年七月から一年間入院したと聞いたものの、私は、それほど重い症状ではなかったんだろうと、勝手に推測した。それほど彼の表情はいきいきしていたのだ。だが、川村さんが診察室で、茶色くなった当時のカルテを手に、入院前後の状況を説明してくれたのを聞いて、驚いた。

「べてるの人はみんな軽い症状なんじゃないかと思われますが、そんなことないです。松本くんは入院直前には、一睡もしないで一日中、全裸になって、両手でなにかをつかむような格好をして、自宅の居間をぐるぐる駆けずりまわっていた。だれもいないところに向かって、大声で『おまえ、だれだ』とか、しゃべりっぱなしの状態ですね。パトカーを呼んで、いちど連れてこられたけど、入院を拒否して帰ってる。もう、どうにもならない。それで疲れ果てるまで待とうということで、翌日の夜中の午前二時五十一分ですね、病院に再度、連れてこられている。このときは極度の疲労から、抵抗する元気もなくなって、『休ませてほしい』と。疲れが素直にさせてる状態です。ところが、元気になったら『帰る』『帰る』と言って、十日ぐらいで帰ってますね」

　ほかの病院だったら、松本さんのような患者は注射を打たれ、閉鎖病棟のなかの保護室に入れられ、薬漬けにされたかもしれない。

「ここは、かなり激しい状況にも、ソフトに対処しているんですよ。いわゆる医療的治療というよりも、関係をつくる段階をすごく、すごく、だいじにするんです。だから『何回も入退院をくり返していいよ』って言って、退院していくときも『また会えるよね。〝順調〟にいくと、また悪くなるから』と。入院するたびに、温かくやわらかい、やさしい言葉で接することをくり返していると、病院が行きたくないところではなくなって、行ってもいいかなという気持ちに、だんだんなってくるんですね」

松本さんは二日、十日と短期の入退院を何度もくり返したのち、一年間の長期入院に入る。

「開放病棟に入院するんですけど、多弁で興奮状態だから、『こころが苦しい』『世界の平和と自分の平和を願ってるんだ』と大きな声で怒鳴って、まわりが『少し落ち着きなさい』と言っても、聞き入れる余裕がない。『北朝鮮の子どもを救わなきゃいけない。ご飯を食べないで金ためるから、北朝鮮に送ってください』って、断食を始めて拒食状態になり、どんどんやせていくんです。同室の八〇七号室の人たちは、どうもおかしいけど、彼は地球環境だ、宇宙だ、北朝鮮だと、世界レベルでいろんなことを考えてる、すごい、と感心して、『松本寛を救援する会』なんていうのを結成して、ミーティングを始めるんですよ」

中学時代から野球に陸上競技と、スポーツ万能だった。甲子園にも出場したことのある道立高校の監督にスカウトされて、高校では寄宿舎生活を送る。

「彼は高校時代を中心に野球部のしごきにあって、さんざんイヤな思いをしてきたと思いますよ。その後も、彼なりに努力したけどさっぱり見返りがない。ところが、入院したら逆に、『おまえ、よくやったなあ』という見返りがふんだんにくる。それで彼が考えていた病院のイメージが、ことごとく壊れていった。そのなかで人間に対する信頼感が芽生える、といった状況が生まれていったわけです」

人間に対する信頼感。浦河でいちばん力を入れているのは、この失われた信頼感をいかに回復させていくかである。

先生、どうして薬飲まさないの?

「松本くんは入院しても、薬を八か月間も拒否して飲まない。そんな状態で、いろんな人との人間関係を結んでいくことを、向谷地くんの助けを借りながらやるんです。向谷地くんはどこに行くにも、精神病でおかしな状態の彼を、助手のようにいつも連れ歩いたんです。普通に考えれば、どこに連れていくにもふさわしくない人ですよ。でも、向谷地くんは、いつでも松本くんに楽しそうに語りかけ、相談して、『いいぞ、いいぞ』って。それを八か月続けたわけです。すごいなあと思うんですよ」

つねに興奮状態で、わめいたりしている病人を連れ歩くことは、精神医療の世界では考えられないことだった。非難の目が川村さんに集中してくる。

「医者というのはつねに治そうとする存在ですから、能力的にも、仕事的にも、向谷地くんのようには病人とのつきあいができない職種です。だれが見ても状態が悪い松本くんを八か月間も開放病棟に入れていると、『先生、松本さん、薬飲んでないってほんとうですか』『どうしてあのままにしておくの』って、ほかの患者さんが聞いてくる。看護婦さんからは『先生、どうして薬出さないんだろう』という目で見られる。でも、ぼくはわかるわけですよ。これは下ごしらえの時期だなって。治療的見地からみれば、薬も飲まさず、なにもやってないように見えるけど、すごくだいじなことをやってる段階だなと、直観的・経験的に感じるんですね。いま、向谷地くんは、すごくだいじなことをしている、と。においがするんですよ」

入院して八か月たったある日。八〇七号室の六人の仲間も参加して、カンファレンスが開かれた。もちろん川村さん、向谷地さんも参加してのことだ。

「彼が突然、『もう降参です』って土下座して、白旗宣言したんですよ。支援してきた同室の仲間は『なにも恥ずかしいことじゃないよ』と、彼を評価しました。そこへ向谷地くんのだめ押しが始まるんです。『中途半端な白旗ではなく、無条件降伏だよな。すべてを任せる、まな板のコイになるんだぞ』『川村先生にすべてを任せるということは薬も出る、それを飲むということだぞ』と。その言葉に彼は迷いがふっきれたみたいで、『あっ、無条件降伏か』って、驚いた顔してましたよ」

松本さんは入院以来、自然環境保護、世界平和を主張しつづけ、その結果、薬は添加物だから飲まない、というように、自分の主義主張を頑固に押しとおしてきたのだった。

「ぼくは、そのカンファレンスの流れを引き継ぎながら、『よし、添加物の入っていない純粋な薬を出そう』って。当時、スタッフのなかになかなかしゃれた人間がいて、薬袋の処方の横に『無添加』という打ちこみシールを貼って、それに薬を入れて持ってきた。それで『松本くん、これは無添加の純粋な薬だから安心して飲んでね。ほんとうによくやったなと思ってるから、それを認めたうえで出す、無条件降伏の人にぴったりの薬だよ』って」

分裂病は友だちが増える病気だ

五歳の幼少期から幻聴に支配されて、幻聴の言うままに母親に暴力をふるったり、過酷な筋力トレーニングを続けてきたという松本さん。川村さんをはじめ、向谷地さんやメンバーたちの支えによって、薬を飲みはじめ、回復への一歩を踏みだしていった。

「病的な状況のなかで本人が主張していることをとり入れ、結果として幻聴もやわらいで、まとまった落ち着きが出てくる。みんなからも評価を得る、その結果、人間に対する信頼感をもてたというのが、松本くんの経過の最大の特徴だと思います。信頼感というのはまさに対人関係ですから。分裂病(統合失調症)はどういう病気かとたずねたとき、彼は『分裂病は友だちが増える病気なんだ』と言ったんです。発病するまえは、たった三枚だった年賀状が、入院治療後には六十枚に増えた、そういう彼自身の実体験からくる分裂病という病気の解釈が言わせた言葉なんですね」

「彼のこのひと言で、私は救われた気がしました。医者にとって、患者さんに『分裂病ですよ』と言うのは、ガンの告知と同じように少し気が重いんです。しかし、松本くんのおかげで、『友だちが増える病気なんだよ』と、気楽に言えるようになった。病気の症状ばかりを考えて生涯を送ったら、暗い病気ですよ。医者も、症状を治すことだけで一生を終えたら、精神病の人のいい場面を見ないで、仕事を終えると思いますね」

川村さんが言う「いい場面」の内容のひとつは、統合失調症の人たちが語る幻聴・妄想体験のおもしろさだといってよい。

「十年まえですが、退院した人が共同住居に入って、ミーティングで自分の幻聴体験や失敗はこうだったと報告したんです。仲間のまえだから気楽に話ができたんですが、私も聞いていて、ほんとうにおかしくておかしくて、腹を抱えてみんな大笑いする。すると『似たような体験はおれもある』と、つぎからつぎへとメンバーが語りだす。それは病気かもしれないけれど、失敗したり、迷惑をかけたりするなかで、必死になって生きていく苦労がにじみ出ている。そこでの笑いは、よくやってるねという肯定感の表現なんですよ。これは共同住居で独り占めするのはもったいない、こんな豊かな世界があるんだということを知ってもらおうと、『幻覚&妄想大会』に発展していくんです。ただ病状が悪くてもダメで、感動と、べてるの家らしいねというエピソードがないと、グランプリはもらえないんです。おそらく日本の精神科医の大半は、統合失調症の人たちがこれほど語ることができるとは、知らないだろうと思いますね」

松本寛さんはいまでも、幻聴にたえず見舞われつづけている。ミーティングで退屈な話になると、モードを切りかえ、幻聴の声を楽しむ余裕も出てきた。最近は、よい幻聴と悪い幻聴を区別できるようになり、「人を殺せ」「あいつをつき落とせ」などという幻聴は打ち消し、「この人にやさしくしてやれ」「この人に食べさせてやれ」というよい幻聴を積極的に利用するようにしているという。

こんなことがあった。

べてるの家のメンバーが講演で上京したとき、たまたま会場の近くに製薬メーカー、ヤンセン協和の本社があった。そのときのことを川村さんはこう話す。

「みんなで訪問したら、全国支店長会議が開かれていて、そこへ招かれて話をすることになったんです。支店長のひとりから『製薬メーカーに望むことはなんですか』という質問が出た。すると松本くんは、『全国の支店長のみなさん、あまり治る薬をつくらないでください。幻聴がなくなると、ぼく、困るんです。浦河は娯楽が少ないので、幻聴さんは、ぼくの暇つぶしや娯楽のひとつとして役立っています』と本気で言ったんです。支店長さんたちはユーモアだろうと笑っていましたが、薬メーカーは、治す薬のことしか考えない。でも、薬を飲んで幻聴がなくなったとしても、生きていくことの課題はなにも解決したことにならないんです」

治療とは、回復とは

水産学部を中退して、医者を目指す

「べてるのメンバーがいろいろな意味で成果をあげているのは、医療の結果ではなく、患者活動のおかげだと思います。どんなに科学が進歩したところで、医療には限界があることをわきまえないといけない。それじゃあ医者の役割はなにかと問われると、狭い意味での治療や検査のほかに、病気かどうかを見分けることですかね。世間はともすると、ただのぐうたらだとか、やる気がない人だとかいうふうにレッテルを貼りたがりますが、それを『病気です』と診断することが、医者の大きな役割でしょうね。病気だから治療も必要だけれど、すべての問題が治療だけでは解決しない。いろいろ相談したり、みんなで応援したりする姿勢・態勢が大切なんだという、その道案内役でもありますね。当事者をめぐってもつれている人間関係など、さまざまな問題を解きほぐしていく役割と言ったらいいですかね」

「治せない医者」を自認する川村さんは、精神科医の役割をこんなふうに受けとめている。

そんな医者らしくない医者の姿勢を、川村さんはどこで身につけたのだろうか。

「べてるの家の人たちや患者さんと向かいあうときには、医者との一対一の関係じゃなくて、いろんな人と出会いなさい、その出会いのなかに、あなたにとってひじょうに貴重なものがきっとあるよ、という思いがありますね。そのぼくもアルコール依存症の人たちに出会わなかったら、いまのような医者にはならなかったと思いますね」

川村さんの医者らしくない医者への歩みには、研修医時代の三年と、そのあとの札幌・旭山病院、アルコール専門病棟での四年間の、アルコール依存症の人たちとのかかわりが大きく影響しているようだ。

川村さんは、函館から四十キロ離れた内浦湾沿いにある、典型的な半農半漁の町で生まれた。父親は水産加工会社に勤めていたが、戦後まもなく結核となり、母親が魚の仲買人となって、町で仕入れた魚をブリキ缶に詰め、列車で函館まで運んで生計をたてていた。

そんな生活状況のなかで、川村青年は北海道大学水産学部に進学した。

「父の勤めていた会社の偉い人は、みんな北大水産学部の出身だし、小学校しか出ていない両親の喜ぶ顔が見たい、将来はきょうだいで協力して水産関係の仕事をすれば、という夢もあったんですね。合格したら親が喜んでくれましたよ」

当時、大学は学園紛争まっさかりで、大学の建物は投石よけの金網で囲まれ、ロックアウトのまっさいちゅう。ヘルメットをかぶった学生たちが、屋上から拡声器で叫んでいた。

「ぼくはノンポリと呼ばれる人間ですが、自分のなかにひじょうに疑問をもっていた。みんなは学生運動に向かっていて、ぼくは自分の道を考えたとき、こんな安楽な自分でいいのかとか、もっと危機に自分を追いやらないとダメじゃないかとか、はじめて考えだしたときだったんですね。もっと悩まねばならない、もっと見えにくい世界に行きたい、自分探しの旅に出たい、そんな感じだったと思うんです」

魚をあつかうよりも、人間関係の仕事がしたい。学校の先生、幼稚園の保父さん、医者という三つに絞り、とりあえず医学部へ挑戦するために退学しようと、大学事務局へ退学届けを出しにいった。

「ところが、年配の事務の人が『籍は置いておけ。チャレンジしていいよ。でもきっとダメだろうから戻っておいで』と受け付けてくれなかったんですよ。水産学部に入る偏差値では医学部は無理だとわかってたんですね。一年勉強したけどぜんぜんダメで、悩んだすえに、大学へは行かず高卒でもなんとかやっていけるだろうと思っていたときに、『きみはきっと医者になれる。医学部に挑戦したら』と励ましてくれた人がいて、本格的に医者を目指すことになるんです」

北大水産学部を退学した。二十一歳のときである。受験は二年目もダメ、三年目に予備校に通い、道立札幌医大に合格。二十四歳になっていた。

「水産学部に入ったという親孝行をチャラにするわけですから、親は『なんちゅうことするんだ』と泣いて、たいへんでしたね。『人生に冷や水を浴びせるような息子だ』と家族でもめましたけど、親孝行をしすぎた青年が、そのコースに疑問を抱きはじめて、親からの自立というか、親を裏切らなければ自分の生き方を守れないという感じでしたね」

待望の医学部に入学したものの、一年目で単位が足らずに留年、三年目でまた留年と、二回も留年をしてしまう。

「合格した安堵感があったんだろうと思いますが、なにか力が抜けた状態になって、大学に行っても一日、一日が新鮮に感じない。教室では眠くなるし、そのうちに昼夜逆転の生活になっちゃうし。べつに沈みこんでいるわけでもないから、元気なんですけれど、虚しいんですね、生活が。出席日数は足りていても、進級試験を受けるエネルギーがないんですね。だから試験放棄ですよ。そういう情けない部分が私にはあるんです。無力感ですね」

そうした学生時代の体験もまた、人間という存在は単純に決めつけられない、複雑なものであるという深い思いとなって、川村さんのなかを流れつづけているように見える。

「二十代の十年間は、世間的に『医学部だよ』とほめられる時期もあったけど、内心はほんとうに苦しくてつらい時期で、卒業して社会に出たときは、たんに卒業したというより、はるかに解放感があったんですね」

医者が一生懸命やりすぎるとよくならない

六年で卒業する医学部を八年かかって卒業、三十二歳で二年間の研修医生活に入る。

「各科をまわっているとき、内科や外科に行っても、お医者さんらしい科は、ことごとく自分にはあわない。自信がない。ところが、精神科の実習だけは、お医者さんらしくない。特別なにかするようにも見えない。『ふーん』『ふーん』と聞いていて、ときどき『はあー』とうなずいて、十五分も話をしていると、『じゃあ、二週間後に』って言うだけ。臨床実習ではじめて好奇心のわく世界が目のまえに現れたわけですよ。なにもしないように見えるところにすごく親近感を覚えて、なにか奥が深いなあという感じがしたんですね」

卒業後、大学の精神科医局の勤務になった。そのとき、一年間の浦河赤十字病院の研修を終えて戻ってきた医師がいた。入学時の同級生だった。その親友といっしょに、大学医局で働くことになる。

「当時、浦河赤十字病院で精神神経科部長だった人は、向谷地くんをはじめてソーシャルワーカーとして採用したり、作業療法も積極的にとり入れるなど、当時としては最先端の方法をつねにとり入れていた先生でした。一年間、元同級生から浦河の話を聞いて、オリエンテーションを受けたような感じになって、翌年、医局勤務二年目で浦河に行くわけですね」

じつは精神科医局に入ってまもなく、川村さんは先輩医師から、「おまえはアルコールやったほうがいいんじゃないか」と言われていた。

「その先輩の独特の言い方で、『川村はあまり頭もよさそうじゃないし、勉強もしそうじゃないから、アルコールやれ』と言われたんですよ。『じゃあ、アルコールやります』と、それからアルコール依存症に取り組みはじめたんですね。医局一年目には、最低でもひとりはアルコールの患者さんを受けもつのですが、ぼくは四人も受けもたされました」

当時、浦河赤十字病院の精神神経科では、のべ百人ほどの患者を診察していた。そのうち三十人がアルコール依存症の人たちだった。まだアイヌの民族差別問題は表面化していなかったが、親から子、そして親類と、アルコール依存症のすそ野が、アイヌの人たちに大きく広がっていることを実感していく。

「大学に戻るつもりでいたら、アルコール専門病棟のある札幌の旭山病院から、『アルコールに関心をもっているようだから、来ないか』と誘いがあって、行くことにしたんです。当時はまだアルコール依存症に関心をもつ医者が少なかったんですね」

北人会旭山病院は、先進的な医療を目指して札幌医大出身者が一九八一年に設立した病院で、ベッド数は三百を超え、医者は八人ほどいた。

「当時、アルコール依存症の治療は、断酒までもっていけたら成功といわれてました。ぼくが医者になって三年間は、熱心に取り組んだのに成果ゼロだったんですね。ところが旭山病院に行ったら、ぼくはほとんどなにもしないのに、一年目から回復していく人が出てきたんですよ。医者の出番が少ない。みんな治療スタッフや看護スタッフがやっていく。だから最初、ぼくははじかれました。変なことやっているんで、厄介者あつかいされたんですね」

旭山病院のアルコール専門病棟は、当時としては依存症の治療で最先端を歩んでいた。つまり、当事者性を大切にしていたのである。

「なにかやり方にちがいがある。これまで失敗例ばかり重ねてきたと仮定して、成功例を見たとき、失敗したことの意味がわかってきたんですね。アルコール依存症の場合は、まわりが一生懸命やればやるほど、本人は問題に気づかないようになっていく。責任や問題の後始末をだれかに委ねるというアルコール依存症特有のパターンがあって、旭山病院に行くまでは、医者として一生懸命やりすぎ、まんまとそのワナにはまってしまっていたんですね」

医者になって三、四年目にして、いちばん大切な医者と患者との人間関係について考えさせられることになる。川村さんの犯した過ちの図式は明解だった。

「医者のぼくがこんなに一生懸命やってる、にもかかわらずそれに応えない、あるいはよくならない。そんなアルコール依存症の人たちに対する、内心の怒りや恨みを相手に向けていたんですね。苦しんでいる家族の人たちと同じ気持ちですが、ぼくは白衣を着てやってたわけですよ。しかもアルコール依存症の病気の実態を少しもわかってなかった、というのが見えてきたんです。学ぶべきことが多い世界だなと思いましたね」

アルコール依存症の治療で最先端をいく旭山病院で、なにを学んだのだろうか。

「忘れられないのは、アルコール依存症という病気は、回復を信じている人たちのところでないと、回復しないということ。そういうキーワードをいっぱいもらったんですね。考えたら、最初の三年間は回復なんて信じてませんでしたものね。ただ自分の一生懸命さに酔ってるだけで、よくなる手応えもなにも信じてなかった。それは自分の治療スタッフ、治療プログラムで成果が出るという経験をしていないからで、いかに医者ががんばろうとも、回復を信じないところでは、いい治療関係もつくられないだろうし……。結果はいつも、患者さんのせいにしていた。だから回復などという結果は出てこないというのがわかってきました」

最初のころは、治療スタッフから「よけいなことはしないように」ときびしく注意された。

「つまり、よけいなことをしなければ、よくなっていくわけですね。ということは、患者さんはよくなるために病院に来ている、なんとかしたいという思いをもっている。それで苦労してきたんだ、それを信じていいんだなということが、はじめてわかったんです。回復に必要な手だてを見つけてあげれば、かならずある割合で回復者が出てくる、ということがわかったんです」

失敗とトラブルぬきには回復しない

そんな体験の積みかさねのなかで、旭山病院で三年目、四年目になると、川村さん独自の取り組みを試みる余裕も出てきた。

「患者さんが治りたくて来たということをぼくが信じている、そのことを治療の前面に出したんです。『ここはよくなりたいという気持ちがなければ、おれない病院だよ』と、よく言いましたね。だから本人たちはいい意味での治療意欲というか、いい思いをつねに引きだされる。社会の評価としては最悪の人たちがやっとたどり着いたところで、『よく来たねえ』とほめるんです。『ここにいるというだけで、治したいという真面目な思いが私に伝わるんだよ』と。『それを私は信じているから、ここにいるんだよ』とつねに伝えたんですね」

やがて、浦河赤十字病院でソーシャルワーカーの向谷地さんといっしょに仕事をしてみたいという願いが実現して、ふたたび浦河に。

浦河で取り組んでいることは、旭山病院で四年間、アルコール依存症の治療で学び、蓄積したものを、そのまま精神障害の治療に応用しているともいえる。

「とくに失敗したときですよね。アルコール依存症の人が失敗して酒を飲んでしまったとき、それをスリップといいますが、『スリップが最大のチャンスだ』という言い方をするんですよ。それは精神病でも同じじゃないか、と。いろんな失敗が起きます。そのときに本人たちをどう力づけ、励ますかが大切なポイントなんですね。向谷地くんが最初のころ、『患者さんにさまざまな問題や失敗が起きないとダメですよ』と言ったことと、アルコール医療で学んできたこと、つまり、さまざまな失敗をしてきた人たちをどう回復に結びつけるかというのは、ひじょうにつながっています。だから浦河では、失敗を防ぐためにはなにもしていません。むしろ、どうなりたいのか、どんな暮らしをしたいのかを、よりだいじにしている。ぼくのなかでは、アルコール依存症から学んできた考え方が、ひじょうに大きなウエイトをしめていると思います」

川村さんが浦河にやってきて、すでに二十年が過ぎた。いちばん大切にしているのは人間関係だといってよい。

「人間として大切にされているという実感が伝わるかどうか、医療の場がそういう場であるかどうか、そんな基本的な当たりまえのことが保障されていることが、こんなにだいじなことかと思いましたね。人として尊重されていることが実感できる雰囲気、そして人間関係がだいじにされる、それがあれば、アルコール依存症という病気は、ある割合まではかならず回復するんじゃないでしょうか。逆に、人間関係が大切にされないところでは、よくしようと思っても答えは出ないんですよ。その意味では精神障害の世界も同じですね。ぼくはそれしかできなかったんだけれど、アルコール依存症の治療で大切にしてきたことを、精神病の世界にもちこんだら、きちんと答えが出てきたんです。安心してものを言える人たちが出てきただけでも、精神病の世界が抱える多くの問題のナゾが解けていく、と実感しているんです」

笑いといっしょに苦労を連れて

世界精神医学会で、メンバーたちが実践報告

二〇〇二年はべてるの家にとって、内に外に画期的なことが立てつづけに起きた年だといってよい。社会福祉法人格を取得し、その理事長はじめ役員に精神障害をもったメンバーが就任したこと、浦河町の大通り商店街の人たちとメンバーがいっしょになって、町の将来について話しあいの場をもったこと、そして世界精神医学会・横浜大会のワークショップで、各国からやってきた精神科医たちをまえにメンバーが実践報告をし、注目されたことである。

「あまり学会のことはくわしくないんですが、二〇〇二年八月に横浜で開かれた世界精神医学会の大会は、百二十か国から三千人を超える学者や臨床家たちが集まった、最大級の学会なんですね。そこでべてるの家が発表の機会を得たというだけでも、大きな意味があったんだと思いますね」

当事者が主体となって、病気からくる幻聴や妄想に支配されるのではなく、いっしょにつきあって

いくという発想と実践は、二十一世紀にふさわしい最先端をいく精神医療のあり方として注目されつつある。

「発表するのが精神科医ではなく、統合失調症の当事者というのは、少しまえまでは考えられないことですよ。当日は、松本寛くんや一郎くんなどべてるの家のメンバーが、いろんな意味で力を発揮してくれましたね。ぼくは授業参観日の親のような心境で、『やっぱりうちの子はすごい』みたいな気持ちだったですね。英国の精神科医から『イギリスに来ませんか』という声がかかるほどで、多くの人に好意的に見てもらったという実感がありました」

当日のワークショップのためにメンバーたちは、準備にかなり力を入れた。べてるの家の日常生活や活動風景を知ってもらうためにつくった十分間のビデオには、英語字幕の説明を画面に入れた。その翻訳などの作業は、英語が得意な山本賀代さんが担当した。

発表当日の八月二十九日。ビデオ上映のあと、ワークショップが始まった。司会はソーシャルワーカーの向谷地さんである。

「私たちは浦河町で統合失調症を抱えた当事者や町民有志といっしょに、べてるの家という活動拠点をつくってきました。大切にしてきたのは地域づくりです。そのなかで幻聴をもつ人たちが、幻聴を『幻聴さん』と呼び、ひとりの自分の仲間としてともに歩む文化を育んできました。町の人たちもメンバーに、『きょうの幻聴さんの調子はどうですか』というふうに聞いてくれます。そのような幻聴のとらえ方は、けっして医療と矛盾しないかたちで連携をもってやっています。きょうは幻聴を体験している仲間の報告と、診療を担当している川村先生に、幻聴に対するとらえ方、それをどう診療に生かしているかを紹介してもらいます」

いちばん最初に登場した松本寛さんは、サービス精神旺盛で、事前の打ちあわせでは「下ネタはやめよう」と決めたにもかかわらず、つぎからつぎへと言いはじめたため、持ち時間の五分を大幅に引きのばすことになった。向谷地さんが「幻聴さんに支配されたようです」と、ユーモアを交えて割って入り、なんとかその場をおさめたのである。

だが、松本さんのおかげで、メンバーはじめ参加者の緊張がほぐれ、なごやかな雰囲気になった。いつもの〝松本効果〟を発揮した感じである。

幻聴とどうつきあうか、というメンバーの話は、一人ひとり説得力があった。

統合失調症の清水里香さんは、大学卒業後、大手スーパーに総合職として入ったが、まもなく発病、二年まえの二〇〇〇年にべてるの家にやってきた。

「私は七年間、幻聴からくる被害妄想に苦しんで、家にこもって生きてきました。自分の病気の不安や苦しみをだれにも話すことができなくて、その悪循環に苦しんできました。いまでも幻聴からくる被害妄想はなくなっていません。しかし、べてるの家に来てから、幻聴に対する考え方が私のなかで変わっていきました。私は、幻聴があるから普通の生活ができないんだと思ってました。幻聴さえなくなれば、私は救われると思ってました。でもいままでは、一生幻聴が聞こえる人生と、被害妄想がなくならない人生と、どちらか選ぶとしたら、私は幻聴が聞こえていいから、被害妄想がなくなればと願っています。幻聴自体が悪いのではなく、そこからくる被害妄想に振りまわされてきたんだと思います。それは、幻聴があっても、松本くんみたいに楽しく生きている人たちがいるんだと気づいたからです」

川村さんは、発表している清水さんが母親に連れられて診察室にやってきた二年まえのことを思い浮かべていた。

しあわせは、私の真下にある

「あのとき、里香さんが私に訴えた症状は、松本寛くんのように典型的な統合失調症の症状だけれど、自分のなかで起きていることを言語化する能力がすごくあったんですよ。統合失調症の症状を、こんなにも具体的に、しかも適切な言葉で語ってくれるすごい人が、目のまえに現れた。そう思うとうれしくて、うれしくて、笑いたくて必死に笑いをかみ殺していた。ぼくの口許がピクピクしていたと、あとで里香さんが語ってくれましたけど。里香さんのすごいところは、いまも幻聴は消えていない、病気は治っていないけれど、こんなに楽になるとは思わなかったと言ったことです。それまでは、症状が傾斜をつけるようにだんだん軽くなっていくと思っていたけれども、そうではない。しあわせは自分の真下にあった、という言い方をしたんですね。同じマイナス状態にもかかわらず、自分がどう受けとめるか。これがぼくらのやり方のまさに真髄なんですけど、それを里香さんは体験者として、『真下にある』とわかりやすく表現してくれたんです」

その清水さんが、みずからの体験を適切な言葉で、いま、世界の精神科医のまえで語っている。

「私はこれからどうやって幻聴さんとつきあっていくかを考えました。私はいま、自分の幻聴からくる被害妄想のことを、よく仲間と話しあいます。それがほんとうに妄想かどうかを確認しあうことを、毎日の作業として大切にしています。仲間と話しあうことが、こんなに大切だということを、ほんとうにかみしめて、いまを生きています。おかげで私は、人まえで話すことができるようになりました」

「幻聴をもつ人の、幻聴に対する苦労は、一般の人がもつ苦労と同じだと考えています。その苦労を無視してしまったら、その人自身が感じている〝感情〟も否定してしまうことになります。だから、同じ苦労だと考えています。私が幻聴で苦労していたときのことを人に話すことができたとき、はじめて人間らしい苦労を回復できたように思いました」

つづいて、襟裳岬の宇宙船騒動の主役、一郎さんの番である。彼の話を聞いていると、二回の入院が、いかに彼自身にとって、自分の病気を考えるきっかけになったかがわかる。

彼は二〇〇二年度のべてるの家の総会で、川村さんが「そう簡単にはとれない」と語っていた幻覚&妄想大会のグランプリを受賞した。その表彰式の模様は、ワークショップが始まるまえにビデオで会場の参加者に紹介された。

「私が職場の人間関係に疲れて浦河にたどり着いたときは、言葉をうまくしゃべれませんでした。しかし、みんなといっしょに生活していくうちに、つらい体験をしているのは自分だけでないことに気づきました。会社のなかで受けたつらい体験を思い出すのがつらくて、記憶の扉を開けるのが怖かったのです。ひじょうにつらい経験を克明に話している人たちを見て、彼らはどうやって記憶の扉を開けているのか、なぜ語れるのかと思って、いろいろな経験を語りあいながら生活しています」

彼は自分の思いや感情、気持ちを言葉にすることが回復につながることを、べてるの家で学んだと強調した。

「私の幻聴さんは、過去に受けたつらい記憶の一部が、声として聞こえてくるのが大部分だということに、ある作業をして気がつきました」

その作業というのは、自分の耳に入ってくる声が現実の声なのか、それとも幻聴なのかを見極めるために、いつもメモ帳を持って、聞こえる声の内容・時間・場所を記録し、あとで仲間と話しあって確認していることだという。

「べてるの家でやっていて、いいと思うのは、一週間の体調報告や勤務状況をミーティングで話しあうなかで、いいことも悪いことも思い出せることです。なにげなく話しあっていくなかで、いろいろ気づいていく、そういうことがぼくの助けになっています」

べてるの家に来たときはほとんど言葉が出なくて、「言葉のフン詰まり」と言われていた一郎さんは、仲間の支えと適切なアドバイスにより、大勢の医療関係者をまえに堂々と話すことができるまでに回復したのである。

苦しみを語って、笑いながら考えていく

本田幹夫さんもまた同じように自分の体験を語ったあと、最後に川村さんは、こんなふうに自分たちのしてきたことをまとめた。

「私が浦河に来た二十年まえをふり返りますと、ひじょうに管理的な、支配的な治療が行なわれていたように思います。すべての患者さんといっていいと思いますけれど、患者さんは、精神科医にはけっしてほんとうの話はしない。大切なことは生活の問題であれ、病気のことであれ、まずソーシャルワーカーのところに行く。私は、そんな状況のなかで働きはじめました。私は若く、〝できない医者〟でしたが、学ぶことの多い医者でした。医者にほんとうのことを話さないのでは、治療にならない。医者としての私の危機であり、医療の危機であると思いました。これはけっして浦河だけでなく、日本全国にも同じ状況があり、いまも変わりはないと思います」

「精神科医にほんとうの話をすることが損になるという関係は、ひじょうに悲劇的な関係だろうと思います。かつては幻聴があることを精神科医に告げると、医者は薬を増やし、退院を延ばし、それが当たりまえのこととして考えられていました。ソーシャルワーカーや看護スタッフと協力して、思ったことを言える治療の場をつくりたい。事実と現実と向きあえる、そんな場をつくりたい。そのために私たちは、ユーモアをとても大切にしてきました。現実のまえに、精神科医をはじめとして、みんなはたいへん弱い存在だと思います。ユーモアはとても大切な要素でした。そして私たちは安心でき

る関係をなによりも大切にしてきました。けっして特別なことをしてきたわけではありません。当たりまえのことを探してきたつもりです。精神病の人たちがたいへん大きな力、役割をもっていることを見せていただいて、私はいまは、しあわせな精神科医だと思っています」

学会には、幻聴を「ヒアリング・ボイス」（聴声）という言葉でとらえなおす新しい見方を打ちだした医学者も参加していた。オランダの社会精神医学者マリウス・ロウム博士は、一九八九年に精神医学雑誌"Schizophrenia Bulletin"に研究成果を発表し、それがきっかけでさまざまな取り組みが欧州から世界に広がり、日本でも「ヒアリング・ヴォイシズ研究会」が結成されている。ロウム博士もまた、会場で熱心にべてるの家の活動報告に耳を傾けていた。

川村さんは語る。

「べてるの家の取り組みは、片方に健常があって、その対極に、あってはならないものとしての病気があると受けとめるのではなく、その人のもっている世界を認めるところから出発しています。ですから、病気の人の世界を否定する治療はしてこなかったんです。それは病気というより、声を聴く人、ヒアリング・ボイスという発想とひじょうに共通するものですね。私たちの役割は、患者さん同士の関係をサポートすることだろうと思います」

「しかもべてるの家は、ユーモア感覚に富んでいる。なにか声が聞こえる、そのつきあいに苦労してきたことをオープンにして、そうした苦労を認めることから安堵感や自信が生まれ、それが笑いに変わっていく。現実の苦労があるにもかかわらず、笑いながら考えていく。それが現実との取り組みにおいて、ひじょうに積極的な方法ではないかという気がしています。笑いが生まれてくるところが、べてるの家が歴史的に培ってきた感覚なんでしょうね。私たちが浦河でやってきたことは、国境を越えても伝わっていく、大切にしていることは共通なんだ、理解してもらえるんだという実感をもちました」

競争、向上と、どこへ行っても追いたてられ、ゆっくり考えたり楽しんだりする時間や余裕を失ってしまった日本社会。弱さをさらけだそうものなら、落伍者のレッテルを貼られ、排除されてしまう。そんな不安にかられて、自分をそのまま出すことができないために、豊かな人間関係を築くことができず、悩み、苦しみ、孤立している人たちがいかに多いことか。

人間らしく生きることができる豊かな世界を二十一世紀に期待したはずなのに、現実は、ますます逆の方向に向かいつつあるような気がしてならない。

そんななかで、べてるの家の人たちは、人間のもつ弱さを認め、受け入れ、大切にする生活を送っている。目標を定めて、歯をくいしばってがんばり続ければしあわせがやってくるというのは、たんなる幻想にすぎないことに、彼らはいち早く気がついたからである。そんな幻想を捨てて、いまの自分、そのままの自分を大切にしていくと、人間らしい豊かな生活ができるよと、身をもって私たちに示してくれているといってよい。

そんな当たりまえなことができづらい社会で、彼らが実践する「降りていく生き方」は、今後ますます必要となり、求められていくにちがいない。

当事者がきめる、言葉にする——あとがきにかえて

二〇〇三年一月三十日。東京で開催された「精神障害者社会生活支援サービス研修会」に、浦河赤十字病院ソーシャルワーカー、向谷地生良さん、べてるの家のメンバーで本書に登場する河崎寛さん、そして一か月まえ、八か月にわたる入院生活を終えたばかりの坂本愛さん(十六歳)がシンポジストとして登場、約二百人の福祉施設などの指導員や寮母をまえに自分たちの体験を語った。

精神保健福祉法の改正で、二〇〇二年度から、精神障害をもった人たちに対する支援は市町村単位で推進することになり、支援するにあたってなにが大切かを、援助する人たちが学ぶ研修会である。

私は会場ではじめて愛さんの話を聞いて、自分のことは自分で考え、自分で決めて行動するという当事者性と、自分の思いを言葉にすることの大切さを、あらためて実感させられたのである。

愛さんは、いわゆる多重人格の病気をかかえた少女である。

病気だと認識したのは中学二年のときだ。別人格は、ボス格の男の子、なにも話さない寡黙な女の子、テレクラに行ったりする遊び好きな女の子、そして、メチャクチャにがんばり屋で明るい八歳く

らいの女の子の四人である。

彼女の家族関係はじつに複雑だ。十人きょうだいの末っ子。そのうち上の四人は母親とかつて結婚した男性の子である。離婚して、三人が父親に引きとられた。その後に生まれた六人はいずれも父親がちがう。父親たちはどこにいるかもわからない。愛さん自身、父親に会ったことがない。母親が生活保護を受けて育ててきた。愛さんは語る。

「愛は気に入られようとか、怒られないようにとか、必要とされるようにとか、いい子をやるがんばり屋だったけど、小学六年のとき、もうがんばれない、どんなに愛ががんばっても、この人(母親)に見てもらえないんだなとわかったら、なんか、いま自分がしていることは無駄に思えちゃって、(家を)出ちゃえ、と……」

みずから児童相談所に電話して、保護された。病気の症状が出て、別人格の男の子が、壁に穴を開けたり、メチャメチャに暴れた。

「朝、目が覚めて、起きようってまわりを見たら、部屋がものすごく散乱してるんですよ。棚が倒れてたりとか、服や布団があっちこっちへいったり、ドロボーが入ったのかなと思って……。壁にも穴が開いている。それが毎日続くの。どうも私が夜中に壁を殴っているらしいの。ぜんぜん記憶にないんですよ。でも私の手の皮がむけていて、青タンだらけで……。もしかしたら私がやってるのかなと思ったら怖くなってきちゃって」

児相は愛さんの病気を見抜けず、養護施設へ送る。別人格の子が学校で友だちになにかしでかしたため、夜、愛さんは養護施設の職員に囲まれ、午前零時ころまで、正座させられ、説教される。「なにがなんだかさっぱりわからなくて、泣きながら、『ごめんなさい』と謝って、そしたらつぎの日、外出禁止で、反省文を書かされました」

そんなことが何度もくり返された。養護施設は「手におえない」と、愛さんを児相に戻す。児相で職員とケンカ。こんどは精神病院へ。愛さんはハンガー・ストライキを起こしたため、ふたたび児相に送り返される。そして措置に困った児相から、「向谷地さん、なんとかならないでしょうか」と電話が入り、浦河赤十字病院に入院したのだった。二〇〇二年四月のことである。愛さんが最初に児相に助けを求めてから、すでに四年がたっていた。

向谷地さんが説明する。

「愛さんは、児相から施設、病院とたらい回しされるたびに、こころの壁を厚くしていったんですね。浦河に来ても、バリケードを築きながら、必死に自分を守っている愛さんがいました。ときどきリストカットはするし、突然いなくなったかと思うと、夜中の二時、三時に警察から電話がくるし……。でも、私たちが唯一こころがけたのは、愛さんにペナルティを課さないことでした」

向谷地さんの説明を受けて、愛さんが、べてるの家と児相や施設での対処の仕方のちがいを説明してくれた。

「無断で離院して帰ってきたら、看護婦さんが『ああ、お帰り。なにか食べてきたの。おみやげは』って。あとすごくうれしかったのは、児相に連絡をとったり、大切なことをするときは、『こうするけど、どう?』と、いちいち愛に相談してくれたことです。知らないうちに勝手に住所を教えたりしないで、だいじなことは、ひとつひとつ確認してくれたのがよかったと思います」

そんなかかわりあいをしているうちに、無断で離院する回数は少しずつ減ってきた。べつの人格が現れるエピソードも少なくなってきたという。向谷地さんがふり返る。

「最近はほんものの愛さんが言葉を獲得して、ぼくたちのところに来て、文句や意見だけでなく、ちゃんと自分の気持ちを言いはじめた。究極のはけ口というか、自分の助け方として、わかりづらい別人格の力を借りて〝爆発〟せざるをえなかった愛さんが、浦河で仲間と出会って、生きる練習を始めたんです。根本的な生きる苦労は変わらないかもしれない。でも、その苦労は自分らしい苦労に変わっていく。そんな結論を愛さんの体験から私たちは学んだように思います」

ともすると、相手はなにもできないからと考え、すぐに手を貸してしまいがちな援助者たちにとって、研修会での彼らの話は衝撃的だったようだ。

当事者性を重んじ、思いを言葉にするという生活スタイルの確立にはたいへん時間がかかり、つねに待つことを求められる。効率や能率を重視する競争社会とは逆の発想と生き方をしなければ、それはできない。だが、結果として、だれからも愛されず疎外されて絶望状態に陥った愛さんのような人が、わずか九か月で、自分をとり戻しながら、自分の言葉で語ることができるようになっていく。

今回の取材であらためて、日本社会に根を張りつづける病根の深さを私は思い知らされた。

当事者性を奪われているのが、統合失調症などの精神障害を抱えた人たちであると、向谷地さんは訴える。だが、よく考えてみると、私たちも日常生活のなかで、当事者性を無視されたり、ないがしろにされたりしているのではないだろうか。

受験競争に乗り遅れたらたいへんだと、早期教育に力を入れ、塾に子どもを通わせる親たちがあとを絶たない。子どもの将来のしあわせを願って先手を打っているのだろうが、当の親自身が子どもの当事者性を奪っていることに気づいていない。小・中・高校での勉強の仕方も、よく考えてみると、児童・生徒がなにに関心をもって、なにを学びたいか、という当事者性を重んじているとは思われない。文部科学省がきめた学習指導要領に基づいて、興味や関心があるなしにかかわらず、教科書にもりこまれた内容を画一的に教えこむ授業が進められている。

かつてオランダの学校教育を知るために、メディア数社の論説・解説委員とともに、オランダの教育省や学校を見学したことがある。ちょうど日本では、きびしい校則が問題になっていたときだった。行くさきざきで「校則はありますか」という質問をくり返した。どこに行っても校長からは同じような言葉が返ってきた。

「校則はあります。それは『人間らしく行動すること』ということです」

驚いて、「それだけですか」「人間らしく行動するとは、具体的にどんなことですか」と、私たちは矢継ぎばやに質問した。

「それは生徒が自分で考え、自分で決めることです。あまり細かい規則をつくると、生徒は自分の頭で考えなくなるので、つくりません」

このオランダの中学校長の言葉は、日本の学校教育が、生徒の当事者性をいかに奪ってきたかをみごとに浮き彫りにしてくれていると思う。

進路指導も同じではないか。本人がなにをやりたいのか、なにに興味があるのかは無視されがちだ。ものをいうのは偏差値である。つまり幼稚園から大学まで、学校制度そのものが、当事者を尊重する仕組みになっていないのである。教える側の教師の当事者性も、尊重されていない。学習指導要領に法的拘束性をもたせてあるため、教師が子どもたちの興味・関心にあわせて、臨機応変に授業を組み立てて教える自由は、学習指導要領の枠内でという限定つきである。

学校教育だけではない。老人介護の問題も同様である。このお年寄りにはこういう介護が必要だと家族が訴えても、また本人が求めても、介護度が1から5までランクづけされて、それぞれランクごとの介護メニューが決められている。介護度1の人は介護度1のメニューからしか選択できない仕組みである。

つまり日本の制度は、一人ひとりの人間の当事者性を大切にする、尊重するシステムではなく、すべての制度が、制度を維持するためにある。べつな言い方をすれば、国家のために個人の当事者性が無視されているといっても過言ではない。

もうひとつ、開眼させられたことがある。

ビデオ「精神分裂病を生きる」の第八巻、「言葉にできない思いの爆発」で、医師の川村敏明さんが、つぎのような主旨のことを語っている。

「知らずしらずのうちに言葉にする力が自分にできてくると、自然に〝パフォーマンス〟する必要がなくなってくる。言葉できちんと表現できて、コミュニケーションがとれたり、交流ができてきたり、みんなのなかにいられるようになると、パフォーマンスすることがかえってじゃまになったりするんですね」

パフォーマンスというのは、発作を起こしたり、キレたり、〝爆発〟したりすることである。つまり川村さんは、「病気の人が発作を起こしたりするのは、自分の思いや感情を言葉にできないからであって、言葉を獲得する、つまり自分の思いや気持ちを話すことができるようになると、発作を起こさなくてもすむようになっていく」と、見ているのである。

私はこの話を聞いて、精神障害をもった人たちだけでなく、私が取材してきた、事件を起こした少年少女たちも、自分の思いを言葉にできなかったからこそ、ナイフを持ったり、暴れたりして、思いを〝爆発〟させたのではなかったかと、思ったのである。

自分の思いや気持ち、考えを言葉にするという〝思いの言語化〟が、昔から日本社会では軽視されてきた。というより、逆に、「黙って食べろ」「黙って仕事をしろ」といったぐあいに、思いを言語化しないことが美徳とされる文化を私たちはつちかってきたのではなかったか。それがいま、引きこもる若者たちが増え、また国際化が進むなかで、自分の思いを言語化することの大切さが、あらためて求められているといってよい。

その意味で、べてるの家のメンバーたちの取り組みは、日本文化の非人間的なゆがみやひずみの部分を根底から問いなおす作業ではないだろうか。それが統合失調症などの精神障害をもった人たちによって始められたということに大きな意味があると考える。

最後に、向谷地生良さんはじめべてるの家のメンバー、そして家族のかたたち、浦河赤十字病院の精神科医、川村敏明さんにこころから感謝したい。話を聞かせていただいたにもかかわらず、紹介できなかった数多くのメンバーや家族のかたたちにはなんと言っておわびしたらよいのか……。予定より一年も大幅に発行が遅れたのに、じっと待ってもらった太郎次郎社の浅川満さん、そして北山理子さんに「ありがとう」を。デザインには拙著『荒廃のカルテ』『仮面の家』などを手がけた菊地信義さんに登場してもらい、この書にふさわしい装幀に仕上げていただいた。お礼を申し上げたい。

二〇〇二年二月

横川和夫

参考文献

『べてるの家の本』べてるの家の本制作委員会編、べてるの家発行、一九九二年

「アルコール医療と精神保健福祉のネットワーク――疾患種別を越えた取組の中から」向谷地生良
――『アルコール問題研究』No.20　二〇〇〇年、北海道精神保健福祉研究会（仮称）・第七回学術研修会、基調講演記録

浦河べてるの家

北海道浦河郡浦河町築地三―五―二二　郵便番号〇五七―〇〇二四
http://www.tokeidai.co.jp/beterunoie

著者紹介

横川和夫（よこかわ・かずお）

一九三七年、小樽市生まれ。共同通信社・社会部記者、編集・論説委員などをへて、現在、フリー・ジャーナリストとして精力的に活動をつづけている。

教育や子ども・若者問題、家族の問題を中心に、日本社会の矛盾が表出する現場を一貫して追いつづけてきた。一九九三年、日本新聞協会賞受賞。

著書・共著書多数。『仮面の家』『かげろうの家』『荒廃のカルテ』『もうひとつの道』『大切な忘れもの』（以上、共同通信社）などのほか、近著に、住民参加による在宅介護の取り組みと人びとをルポした『その手は命づな』や、『不思議なアトムの子育て』（以上、太郎次郎社）がある。

降りていく生き方

「べてるの家」が歩む、もうひとつの道

二〇〇三年三月十二日　初版発行
二〇一〇年四月二十五日　第七刷発行

著者……横川和夫
装幀……菊地信義
カバー作品……鈴木里江
発行者……浅川 満
発行所……株式会社太郎次郎社エディタス
東京都文京区本郷四―三―四―三F　郵便番号一一三―〇〇三三
電話〇三―三八一五―〇六〇五　eメール tarojiro@tarojiro.co.jp
ホームページ www.tarojiro.co.jp/
印刷……モリモト印刷株式会社（本文印字と印刷）＋株式会社文化印刷（装幀）
製本……難波製本印刷株式会社
定価……カバーに表示してあります。
ISBN978-4-8118-0669-3　©YOKOKAWA Kazuo 2003, Printed in Japan

●横川和夫　書き下ろしノンフィクション●

その手は命づな

ひとりでやらない介護、ひとりでもいい老後

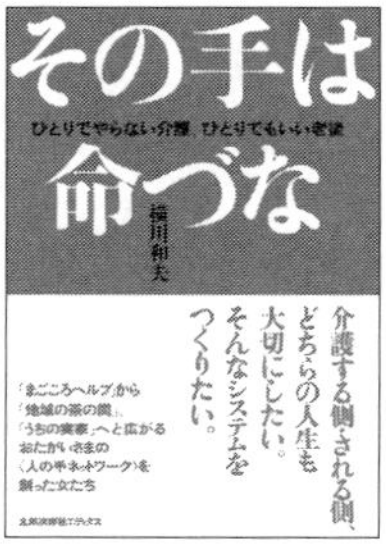

老いたとき、病んだとき、介護に直面したとき、人の手を借りて私らしく暮らすために。

堀田力さん評——老いて一人になったとき、また、一人では家族を支えきれないとき、あなたは、どんな人に、どのように支えてほしいだろうか。その答えが、この本に描かれている。安心感をプレゼントしてくれる本。

上野千鶴子さん評——前例のないことにのりだす人がやることは、冒険だ。介護関係のドキュメントを読んで、こんなにはらはら手に汗を握る思いをしたことはない。●四六判並製・1900円＋税

不思議なアトムの子育て

アトム保育所は大人が育つ

「ヘルプ」といえる、ホンネの子育て

子育ては正解のない応用問題を解くようなもの。自信がもてず、助けを求められず、ひとり悩むことも多い。そんな親や保育士に、「ダメでもいいじゃないか」というメッセージを送り、ダメだからこそ子どもを軸に、保育士と親たちが経験を共有してつながりあう。これは、子育てのトラブルをとおして成長しあう子どもと保育士と親たちの、エンドレスのドラマである。新しい家族づくりの本でもある。●四六判上製・2000円＋税